Anonymous

Aktenstücke zur neusten Geschichte von Frankfurt am Main

Material zur neusten deutschen Geschichte

Anonymous

Aktenstücke zur neusten Geschichte von Frankfurt am Main
Material zur neusten deutschen Geschichte

ISBN/EAN: 9783743606098

Hergestellt in Europa, USA, Kanada, Australien, Japan

Cover: Foto ©ninafisch / pixelio.de

Weitere Bücher finden Sie auf **www.hansebooks.com**

Actenstücke

zur neuesten Geschichte

von

Frankfurt am Main.

Zugleich:

Material zur neuesten deutschen Geschichte.

Zweite vermehrte Auflage.

Stuttgart.

E. Schweizerbart'sche Verlagshandlung und Druckerei.

1866.

„Seit dem Beginn dieses Jahres hatte in der schleswig-holsteinischen Angelegenheit die Spannung zwischen der königlich preußischen und der kaiserlich österreichischen Regierung sich in dem Maße gesteigert, daß eine friedliche Lösung kaum noch zu hoffen war."*

In der Bundestagssitzung vom 1. Juni erklärte Oesterreich in Beziehung auf den Bundesbeschluß vom 24. Mai, die Wahrung des Bundesfriedens betreffend, seine Heeresaufstellung gegen Preußen rückgängig machen zu wollen, sobald Sicherheit gegen Wiederkehr der Kriegsgefahr in Deutschland geboten werde. Da diese Sicherheit nach dem Scheitern der Verhandlungen mit Preußen dadurch bedingt sei, daß die schleswig-holsteinische Frage nach dem Rechte des Bundes und des Landes entschieden werde, so stellte Oesterreich diese Entscheidung dem Bunde anheim und ermächtigte den Statthalter von Holstein, die Stände einzuberufen. In Beziehung auf benselben Bundesbeschluß wiederholte hierauf Preußen die früheren Erklärungen in Betreff der Priorität der Rüstungen; die volle Bereitwilligkeit zur Abrüstung sei wiederholt ausgesprochen, der defensive Charakter der letzteren nicht verändert worden. Preußen werde auf den Friedensfuß zurückkehren, wenn der Bund die Regierungen von Oesterreich und Sachsen zur Abstellung ihrer Rüstungen bewegen und Bürgschaft gegen die Wiederkehr derartiger Beeinträchtigungen des Bundesfriedens gewährt haben werde. Die Behauptung, daß die schleswig-holsteinische Frage Anlaß zu den gegenwärtigen, den Frieden bedrohenden Zuständen gegeben habe, sei unbegründet, da Preußen nie die Absicht gehabt, seine beßfallsigen Ansprüche mit Waffengewalt

---

* Eingangsworte des Berichts der Dreizehner-Commission zur Vorberathung des Gesetzentwurfs, betreffend die Vereinigung des Königreichs Hannover, des Kurfürstenthums Hessen, des Herzogthums Nassau und der freien Stadt Frankfurt mit der preußischen Monarchie.

durchzusetzen. Da Preußen sich besondere Entschließungen vorbehielt, „falls der Bund sich seiner Aufgabe nicht gewachsen zeige", so wurde vom Präsidium die Verwahrung aller Rechte des Bundes ausgesprochen.

In derselben Sitzung stellte Bayern unter Zustimmung Oesterreichs und Preußens den nachfolgenden Antrag in Betreff der Bundesgarnisonen in Frankfurt am Main, Mainz und Rastatt:

Die wiederholten Erklärungen der hohen Regierungen von Oesterreich und Preußen, sowohl in als außerhalb der hohen Bundesversammlung und insbesondere auch deren Abstimmungen in der vorletzten Sitzung berechtigen zwar, die Hoffnung festzuhalten, daß der Bundesfriede nicht gestört werde; es läßt sich jedoch nicht verkennen, daß der Zustand der gegenseitigen Rüstungen eine beunruhigende Einwirkung auf diejenigen Plätze ausüben muß, in welchen sowohl österreichische als preußische Truppen in Garnison liegen, denen bisher die Sicherheit dieser Plätze, als treuen Bundesgenossen, anvertraut war, und es dürfte sich daher empfehlen, daß die hohe Bundesversammlung Fürsorge dafür treffe, daß wenigstens nicht in diesen Plätzen Conflicte unter den bisherigen Waffenbrüdern zum Ausbruche kommen können. Die k. Regierung glaubt, daß sie mit Anregung dieses Gegenstandes den Wünschen der hohen Regierungen von Oesterreich und Preußen selbst entgegenkommt, und ist der Ansicht, daß es nicht schwer sein dürfte, die zur Erreichung des genannten Zweckes geeigneten Mittel aufzufinden. Gemeinschaftliche Besatzung von Oesterreich und Preußen findet sich in den beiden Bundesfestungen Mainz und Rastatt und am Sitze der Bundesversammlung selbst. Wenn nun aus diesen drei Orten sowohl die österreichischen als preußischen Truppen zurückgezogen würden, so wäre in Frankfurt a. M. ein Ersatz derselben zur Zeit wohl überhaupt nicht nöthig, in Mainz und Rastatt aber könnten dieselben durch die an sich zum Festungsdienst bestimmten Truppen der Infanterie-Reservedivision und durch Truppen der Territorialregierungen oder anderer Regierungen ersetzt werden. Aus diesen Erwägungen stellt die k. Regierung den Antrag: Hohe Bundesversammlung wolle vorbehaltlich der Besatzungsrechte von Oesterreich und Preußen 1) die hohen Regierungen von Oesterreich und Preußen ersuchen, einzuwilligen, daß ihr Garnisonsrecht bis zur Sicherstellung des Friedens durch die Truppen anderer Bundesregierungen ausgeübt werde; 2) die Militärcommission beauftragen, daß sie sofort wegen Ersatz dieser Truppen in Mainz und Rastatt durch die Infanterie-Reservedivision und durch Truppen der Landesregierungen oder anderer Regierungen gutachtlichen Antrag erstatte; 3) die Regierung des Großherzogthums Baden, des Großherzogthums Hessen, des Herzogthums Nassau und der zur Infanterie-Reservedivision gehörigen Contingente ersuchen, daß sie sofort ihre Truppen bereitstellen, um eventuell die Besetzung von Mainz und Rastatt zu übernehmen; 4) auszusprechen, daß für alle Eventualitäten die beiden Bundesfestungen Mainz und Rastatt von allen Bundesregierungen als neutrale Plätze zu betrachten seien, welche für den Fall eines gewaltsamen Conflictes von keinem Theile angegriffen oder besetzt werden dürfen.

In ihrer Sitzung vom 9. Juni faßte die Bundesversammlung Beschluß über diesen Antrag, womit sie demselben beitrat. Für Frankfurt ging die Vereinbarung dahin, daß die Bundesbesatzung der Stadt nunmehr nur aus Bayern bestehen solle. Zu diesem Behuf sollte das k. bayerische Bataillon auf Kriegsstärke gebracht und zu diesem Ende um 150 Mann verstärkt werden. Bayern und der Senat der freien Stadt Frankfurt kamen überein, daß Bayern den Obercommandanten und die freie Stadt den Stadtcommandanten ernenne. Zum Obercommandanten wurde der k. bayerische Oberst Hr. Lessel, langjähriges Mitglied Bayerns bei der Bundesmilitär=commission, und zum Stadtcommandanten Hr. Oberstlieutenant Böing vom Linienbataillon designirt.

Ueber die Besatzungen von Mainz und Rastatt einigte sich die Bundesmilitärcommission dahin:

Mainz erhält künftig als Friedensbesatzung:
a. Infanterie:

2 Bataillone	von Bayern	1780	Mann.
2 „	„ Sachsen=Meiningen	1000	„
3 „	„ Sachsen=Weimar	1500	„
2 „	„ Anhalt	1000	„
2 „	„ Schwarzburg	1000	„
1 Bataillon	„ Lippe	500	„
3 Compagnien	von Schaumburg=Lippe	220	„
	Summa	7000	Mann.

Dazu:
b. 2 Festungsbatterien } verbleiben die bis= 350 Mann.
c. 1 Compagnie Pioniere } herigen 176 „
Zusammen 7526 Mann.

Rastatt erhält:
a. Infanterie:

2 Bataillone	von Baden	1800	Mann.
2 „	„ Sachsen=Altenburg	1000	„
2 „	„ Coburg=Gotha	1000	„
1 Bataillon	„ Waldeck	500	„
1 „	„ Reuß	500	„
	Summa	4800	Mann.

Dazu:

b. Cavallerie	⎫	150 Mann.
c. Artillerie	⎬ sämmtlich von Baden	450 „
d. Genietruppen	⎭	100 „
	Zusammen	5500 Mann.

Den Festungsgouverneur für Mainz ernennt Bayern, den für Rastatt Baden. Die Commandanten der beiden Plätze werden von der Reservedivision nach der Anciennetät ernannt.

In derselben Bundestagssitzung gab Preußen folgende Erklärung ab:

„Der Gesandte ist angewiesen, die Insinuation der kaiserlich österreichischen Regierung, als ob Preußen die Annexion der Elbherzogthümer mit Gewalt habe durchführen wollen, wiederholt als wahrheitswidrig zurückzuweisen.

Der Gesandte hat in Bezug auf die Eröffnung, durch welche Oesterreich die ganze schleswig-holsteinische Angelegenheit den Entschließungen des Bundes anheim gestellt und diesen von Seiten Oesterreichs die bereitwilligste Anerkennung zugesichert hat, die Erklärung abzugeben, daß seine Regierung diesen Act des kaiserlichen Hofes weder mit den zwischen den beiden Mächten bestehenden Verträgen, noch mit der Competenz des Bundes in Einklang bringen kann.

Die Beziehungen Preußens und Oesterreichs zu einander in der schleswig-holsteinischen Angelegenheit sind von Anbeginn derselben durch bestimmte Vereinbarungen geregelt worden.

Als im Januar 1864 die beiden Mächte in die Lage kamen, die Wahrung der Rechte der Herzogthümer selbständig in die Hand zu nehmen, wurde am 16. des gedachten Monats eine Convention zwischen denselben geschlossen, welche zunächst in transitorischen Bestimmungen die unmittelbar zu treffenden Maßregeln ordnet, zugleich aber auch den Fall ins Auge faßt, daß die Entwickelung der Ereignisse die beiden deutschen Mächte von früheren Verträgen lösen sollte. In dieser Beziehung enthält die Convention im §. 5 den folgenden klaren und unzweideutigen Passus, welcher die vertragsmäßige Grundlage aller späteren Beziehungen zwischen Preußen und Oesterreich geblieben ist.

„Für den Fall, daß es zu Feindseligkeiten in Schleswig-Holstein käme, und also die zwischen den deutschen Mächten und Dänemark bestehenden Vertragsverhältnisse hinfällig würden, behalten die Höfe von Preußen und Oesterreich sich vor, die künftigen Verhältnisse der Herzogthümer nur im gegenseitigen Einverständniß festzustellen. Zur Erzielung dieses Einverständnisses würden sie eintretenden Falls die sachgemäßen weiteren Abreden treffen. Sie werden jedenfalls die Frage über die Erbfolge in den Herzogthümern nicht anders, als im gemeinsamen Einverständniß entscheiden."

Entsprechend dieser von den beiden Mächten eingenommenen Stellung wurden im Wiener Frieden vom 30. October desselben Jahres die Rechte des von ihnen anerkannten Königs Christian IX. an Preußen und Oesterreich abgetreten und das gemeinsame Verfügungsrecht beider Mächte über die Herzogthümer anerkannt.

Ein Ausfluß dieses Verfügungsrechtes war die in Gastein am 11. August v. J. abgeschlossene Convention, worin die Ausübung der durch jenen Frieden erworbenen Rechte geographisch getheilt, die Souveränetätsrechte aber für beide Herzogthümer beiden Monarchen gemeinschaftlich vorbehalten und dadurch dem Princip, daß über dieselben nur durch gemeinsames Einverständniß entschieden und verfügt werden könne, eine neue Sanction ertheilt wurde.

Diesen Vereinbarungen widerspricht die kaiserl. österreichische Regierung, indem sie, ohne vorher sich des Einverständnisses Preußens versichert zu haben, mit der ausdrücklichen Erklärung, daß sie auf dieses Einverständniß verzichte, die ganze Angelegenheit zur Verfügung des Deutschen Bundes stellt und sich der Entscheidung desselben zu unterwerfen verspricht.

Die königl. Regierung sucht vergebens nach Argumenten, durch welche dieser Bruch der von Anbeginn der kriegerischen Verwickelungen stipulirten und in der Gasteiner Convention festgehaltenen vertragsmäßigen Verpflichtungen Oesterreichs gerechtfertigt werden könnte.

Sie kann nicht annehmen, daß das Motiv hierzu in der Ueberzeugung der kaiserl. österreichischen Regierung von einem ursprünglichen Recht des Deutschen Bundes zur alleinigen Entscheidung dieser Angelegenheit liege. Abgesehen davon, daß jedes Recht des Bundes sich doch immer nur auf das Bundesland Holstein beziehen und das Herzogthum Schleswig nicht berühren würde, so wird die kaiserl. Regierung selbst nicht in Abrede stellen, daß die Begründung, resp. Begrenzung der Competenz des Bundes noch nicht festgestellt worden ist. Das kaiserl. Cabinet hat diese Begründung in Gemeinschaft mit Preußen in dem am 11. Februar 1864 abgegebenen Separatvotum gefordert, und seinen eigenen Zweifeln und Bedenken gegen die Ausdehnung der Competenz des Bundes in einer der Oeffentlichkeit übergebenen Depesche vom 10. Januar desselben Jahres an den kaiserl. Gesandten in München einen so bestimmten Ausdruck gegeben, daß der Gesandte sich jeder weiteren Ausführung überhoben erachten darf, da die Sachlage seitdem keine wesentliche Veränderung erfahren hat.

Die königl. Staatsregierung nimmt keinen Anstand zu erklären, daß sie weit davon entfernt ist, die Angelegenheit der Herzogthümer, welche auch sie vermöge Verbindung Holsteins mit Schleswig als eine nationale betrachtet, anders als im Sinne dieser ihrer Auffassung lösen zu wollen. Sie hat es schon in einer nach Wien gerichteten Depesche vom 7. v. M., welche der Gesandte der hohen Bundesversammlung vorzulegen die Ehre hat, ausgesprochen, daß sie die schleswig-holsteinische Angelegenheit in Verbindung mit der Bundesreform zu behandeln bereit ist, und gerade in dieser Verbindung eine Erleichterung der friedlichen Lösung sieht. Sie erwartet auch jetzt nur den Augenblick, wo sie diese Frage mit einer Bundesgewalt verhandeln und erledigen kann, in welcher die Mitwirkung der nationalen Vertretung dem

Einflusse particularer Interessen das Gegengewicht hält, und die Bürgschaft gewährt, daß die von Preußen gebrachten Opfer schließlich dem gesammten Vaterlande und nicht der dynastischen Begehrlichkeit zu Gute kommen. Unter den gegenwärtigen Umständen aber und bei der positiven Begrenzung, welcher die Competenz der Bundesversammlung durch die bestehende Verfassung unterliegt, muß sie Einspruch dagegen erheben, daß über eigene, durch blutige Kämpfe und durch internationale Verträge erworbene Rechte, ohne ihre Zustimmung, Verfügung getroffen werde.

In Betreff der von der kaiserl. Regierung mit ihrer Erklärung verbundenen Anzeige, daß dem Frhrn. v. Gablenz Specialvollmacht zu Einberufung des holsteinischen Landtags ertheilt worden sei, hat der Gesandte zu bemerken, daß seine Regierung die Einberufung der Stände als ein Souveränetätsrecht ansieht, welches unter den bestehenden Vertragsverhältnissen und namentlich nachdem die Bestimmungen der Gasteiner Uebereinkunft hinfällig geworden, von den beiden Souveränen gemeinschaftlich hätte ausgeübt werden müssen."

Hierauf erwiderte Oesterreich:

„Gegenüber der von dem königl. preußischen Herrn Gesandten eben abgegebenen Erklärung muß der Gesandte sich zuvörderst auf die seitens der kaiserlichen Regierung in der Sitzung vom 1. d. M. erfolgte Erklärung zurückbeziehen und den Vorwurf des Vertragsbruches auf das Entschiedenste zurückweisen. Insbesondere muß er hervorheben, daß die kaiserliche Regierung ihre Bereitwilligkeit, die Gasteiner Uebereinkunft als Provisorium bis zu einer definitiven Regelung der ganzen Angelegenheit durch Bundesbeschlüsse fortdauern zu lassen, dem Berliner Cabinette gegenüber ausgesprochen hat.

Hinsichtlich der die Competenz der Bundesversammlung betreffenden Ausführungen in der eben vernommenen Erklärung muß der Gesandte mit allem Nachdruck darauf hinweisen, daß von der kaiserlichen Regierung, ohne Widerspruch von preußischer Seite, wiederholt im Schooße der hohen Bundesversammlung erklärt worden ist, es werde bei den Verhandlungen zwischen beiden Regierungen eine den Rechten und Interessen des Bundes entsprechende Lösung der schleswig-holsteinischen Frage angestrebt. Daß diese Verhandlungen nicht zum Ziele geführt haben, bedauert Niemand lebhafter als die kaiserliche Regierung.

Was die Berufung der holsteinischen Stände anbelangt, so muß der Gesandte darauf hinweisen, daß die Befugniß dazu Sr. Maj. dem Kaiser nach dem ausdrücklichen Wortlaute des Art. 1 der Gasteiner Uebereinkunft zusteht, und daß dieser Standpunkt in den Verhandlungen zwischen Wien und Berlin stets festgehalten worden ist.

Bei dem Ernste der Lage muß der Gesandte seiner allerhöchsten Regierung alles Weitere vorbehalten, jedoch schon jetzt den seitens der k. preußischen Regierung durch den Einmarsch ihrer Truppen in Holstein erfolgten Bruch der Gasteiner Uebereinkunft constatiren und gegen diesen Act der Selbsthilfe den entschiedensten Protest einlegen."

Am 10. Juni, 9 Uhr Abends, machte der kaiserliche Präsidialgesandte dem k. preußischen Gesandten wie den übrigen Bundestagsgesandten in geschäftsmäßiger Form die Mittheilung, daß am 11. Mittags eine außerordentliche Bundestagssitzung stattfinden werde, in welcher Oesterreich den Antrag auf Mobilmachung sämmtlicher nicht zur k. preußischen Armee gehörigen Armeecorps des Bundesheeres stellen werde.

Dieser in der Sitzung vom 11. Juni von Oesterreich gestellte Antrag lautete:

Der Präsidialgesandte ist von seiner allerhöchsten Regierung beauftragt worden, der hohen Bundesversammlung folgende Mittheilung zu machen:

Der königlich preußische Gouverneur im Herzogthum Schleswig, Generallieutenant Frhr. v. Manteuffel, hat dem kaiserlichen Statthalter für das Herzogthum Holstein, Feldmarschalllieutenant Frhrn. v. Gablenz, amtlich angezeigt, daß er von seiner Regierung befehligt sei, zur Wahrung der Condominatsrechte Preußens die nicht von österreichischen Truppen besetzten Theile Holsteins zu besetzen.

Der kaiserliche Statthalter hat gegen dieses Vorhaben Protest erhoben und die ihm unterstehenden kaiserlichen Truppen bei Altona concentrirt.

Ungeachtet dieser feierlichen Einsprache und ungeachtet die Gasteiner Convention die Ausübung aller Souveränetätsrechte, die Verwaltung und militärische Besetzung Holsteins, mit Ausnahme einiger namhaft gemachten Punkte, in die Hände Seiner Maj. des Kaisers von Oesterreich gelegt hat, haben die preußischen Truppen die Grenze Holsteins überschritten und sich über das ganze Land verbreitet.

Der Präsidialgesandte ist beauftragt worden, der hohen Bundesversammlung von diesem Vorgehen Anzeige zu erstatten. Die kaiserliche Regierung muß dasselbe als einen Bruch der Gasteiner Uebereinkunft bezeichnen, welche einen provisorischen Zustand vertragsmäßig festgesetzt hatte, den bis zur definitiven Entscheidung des Bundes über Holstein fortdauern zu lassen Oesterreich bereit war.

Frhr. v. Manteuffel hat seitdem erklärt: er sei genöthigt, die Regierungsgewalt auch in Holstein an sich zu nehmen; hierin liegt eine Verletzung des Wiener Friedensvertrages.

Se. Maj. der Kaiser hat durch Allerhöchstseinen Gesandten in Berlin am 31. März erklären lassen, daß Er Sich nicht in Widerspruch mit den Bestimmungen der Bundesacte setzen werde. Der Präsidialgesandte hat im Allerhöchsten Auftrage dieselbe Erklärung im Kreise dieser hohen Versammlung abgegeben.

Dieser Zusicherung ist Se. Maj. der Kaiser treugeblieben.

Preußen aber hat zum Schutze vermeintlich verletzter Rechte den Weg der Selbsthilfe betreten.

Es liegt demnach der im Artikel XIX. der Wiener Schlußacte vorgesehene Fall vor und die Bundesversammlung ist berufen, der unternommenen Selbsthilfe Einhalt zu thun.

Nach diesem gewaltthätigen Vorgehen, bei welchem Preußen umfangreiche Rüstungen zur Seite stehen, kann nur in Aufbietung aller übrigen verfügbaren militärischen Kräfte des Bundes eine Gewähr des Schutzes für die innere Sicherheit Deutschlands und die bedrohten Rechte seiner Bundesglieder gefunden werden.

Die kaiserliche Regierung erachtet die schleunige Mobilmachung sämmtlicher nicht zur preußischen Armee gehörigen Armeecorps des Bundesheeres für nothwendig.

Bedürfte diese Maßregel noch weiterer Begründung, so findet sie dieselbe in der Haltung der königlich preußischen Regierung gegenüber den Beschlüssen, welche in letzter Zeit und bei stets steigender Gefahr von der Bundesversammlung zur Wahrung des Bundesfriedens gefaßt worden sind.

Dem aus Anlaß der Bedrohung Sachsens gefaßten Beschlusse vom 9. Mai: „die königlich preußische Regierung anzugehen, daß durch geeignete Erklärung dem Bunde mit Rücksicht auf Art. XI. der Bundesacte volle Beruhigung gewährt werde," hat die königlich preußische Regierung nicht entsprochen.

Die Antwort Preußens auf den Beschluß vom 24. Mai kann nicht für befriedigend erkannt werden, da es die in jenem Beschlusse in Aussicht genommene gleichzeitige Abrüstung abgelehnt hat.

Bei beiden Anlässen hat die königlich preußische Regierung, sich zum Richter über den Deutschen Bund aufwerfend, ihr Verhältniß zu diesem Staatenbunde und ihre weiteren Entschließungen davon abhängig erklärt, daß derselbe Preußens Forderungen erfüllen wolle und könne.

Aus allen diesen Gründen erscheint der kaiserlichen Regierung für die hohe Bundesversammlung die unvermeidliche Nothwendigkeit heranzutreten diejenigen dringlichen Maßregeln zu ergreifen, welche sie in die Lage setzen, die ihr obliegenden Verpflichtungen zu erfüllen, und beantragt daher:

Hohe Bundesversammlung wolle vorbehaltlich weiterer Entschließungen den Beschluß fassen:

1) Die Mobilmachung des I., II., III., VII., VIII., IX. und X Bundesarmeecorps anzuordnen und an die betreffenden höchsten und hohen Regierungen das Ersuchen zu stellen, ihre Bundescontingente nach der angenommenen Kriegsformation in der Stärke des Haupt- und Reservecontingents ungesäumt auf den Kriegsstand zu setzen und selbe in den innehabenden oder einzunehmenden Standquartieren binnen 14 Tagen derart marsch- und schlagfertig aufzustellen, daß sie auf ergehende Aufforderung innerhalb 24 Stunden mit allem Kriegsbedarf abmarschiren können.

2) Dieselben höchsten und hohen Regierungen ferner zu ersuchen, auf die Bildung der Ersatzcontingente Bedacht zu nehmen.

3) Dieselben höchsten und hohen Regierungen zu ersuchen, in möglichst kurzer Frist, jedenfalls innerhalb der nächsten 14 Tage, bei der Bundesversammlung den Vollzug dieser Anordnung anzuzeigen.

4) Dieselben höchsten und hohen Regierungen zu ersuchen, die nöthigen Einleitungen zu treffen, damit die Bundesversammlung im Sinne des

§. 46 der Bundes-Kriegsverfassung baldigst wegen des Oberbefehles Beschluß fassen könne und weiter die im VII., VIII., IX. und X. Abschnitte der Bundes-Kriegsverfassung vorgesehenen Ernennungen und Aufstellungen zu bewirken, resp. zu vereinbaren.

5) Den Ausschuß für Militärangelegenheiten anzuweisen, sich mit der Militärcommission wegen Durchführung dieses Beschlusses ins Einvernehmen zu setzen.

Der Präsidialgesandte ist zugleich angewiesen, auf Abstimmung in einer baldigst anzuberaumenden Sitzung anzutragen.

Die Versammlung entschied dahin, über diesen Antrag in der nächsten Sitzung abzustimmen.

Inzwischen erfolgte am 12. Juni der Abzug der preußischen und österreichischen Truppen aus Frankfurt. Die preußischen Truppen (30. Infanterie-Regiment) verließen in zwei Extrazügen der Main-Weserbahn Morgens um 6 und um 8 Uhr die Stadt, um sich nach Wetzlar zu begeben. Das Frankfurter Offizierscorps mit der Bataillonsmusik gab den abziehenden Truppen das Geleite, während eine große Menschenmenge sich am Bahnhofe eingefunden hatte, um in ernster Stimmung den Scheidenden das letzte Lebewohl zuzurufen. Die preußische Munitionscolonne verließ gleichfalls an demselben Morgen mit 130 Tonnen Pulver, welche bis dahin im Pulvermagazin gelegen waren, zu Fuß die Stadt und begab sich zur Niederlegung des Pulvers nach Mainz.

Nachmittags 3 Uhr zogen die österreichischen Truppen, ebenfalls von einer großen Menschenmenge begleitet, unter den Klängen des Radetzkymarsches von der Karmeliterkaserne über die neue Kräme nach der Zeil und von da durch die Allerheiligenstraße nach dem Hanauer Bahnhof. An den Bahnhof wurden die Truppen von dem Obercommandanten FML. v. Packenj begleitet, so wie von dem Stab des Linienbataillons und dem der k. bayerischen Truppen.

Bei dem nunmehr verringerten Truppenstand wurden die Wachen am Affenthor und Hafenthor eingezogen.

In der Bundestagssitzung vom 14. Juni gab Oesterreich zunächst die Erklärung, daß die von ihm zu stellenden drei Armeecorps marsch- und schlagfertig seien. Hierauf wurde die Mobilmachung des VII., VIII., IX. und X. Bundesarmeecorps beschlossen und auch die Punkte sub. 2, 3 und 5 zum Beschluß erhoben, während sich für Punkt 4 keine Majorität ergeben hatte. Schon bei der Umfrage hatte der k. preußische Gesandte erklärt, daß er gegen jede geschäftliche Behandlung dieses Antrags als formell und materiell bundeswidrig stimmen und dagegen Protest einlegen müsse. Nach Beschlußfassung erklärte der k. preußische Gesandte Folgendes:

Nachdem die hohe Bundesversammlung ohnerachtet des von dem Gesandten im Namen seiner allerhöchsten Regierung gegen jede geschäftliche Behandlung des österreichischen Antrages eingelegten Protestes zu einer dem entgegenstehenden Beschlußfassung geschritten ist, so hat der Gesandte nunmehr die ernste Pflicht zu erfüllen, hoher Versammlung diejenigen Entschließungen kund zu geben, zu welchen, gegenüber der soeben erfolgten Beschlußfassung, des Gesandten allerh. Regierung in Wahrung der Rechte und Interessen der preußischen Monarchie und ihrer Stellung in Deutschland zu schreiten für geboten erachtet..

Der Act der Einbringung des von der kaiserlich österreichischen Regierung gestellten Antrages an sich selbst steht nach der festen Ueberzeugung des königl. Gouvernements zweifellos mit der Bundesverfassung in offenbarem Widerspruch und muß daher von Preußen als ein Bruch des Bundes angesehen werden.

Das Bundesrecht kennt Bundesgliedern gegenüber nur ein Executionsverfahren, für welches bestimmte Formen und Voraussetzungen vorgeschrieben sind; die Aufstellung eines Bundesheeres gegen ein Bundesglied auf Grund der Bundeskriegsverfassung ist dieser ebenso fremd, wie jedes Einschreiten der Bundesversammlung gegen eine Bundesregierung außerhalb der Normen des Executionsverfahrens.

Insbesondere aber steht die Stellung Oesterreichs in Holstein nicht unter dem Schutze der Bundesverträge, und Se. Maj. der Kaiser von Oesterreich kann nicht als Mitglied des Bundes für das Herzogthum Holstein betrachtet werden.

Aus diesen Gründen hat die königliche Regierung davon Abstand genommen, irgendwie auf die materielle Motivirung des Antrags einzugehen, für welchen Fall es ihr eine leichte Aufgabe gewesen sein würde, den gegen Preußen gerichteten Vorwurf des Friedensbruches zurück zu weisen und denselben gegen Oesterreich zu richten.

Dem königlichen Cabinet erschien vielmehr als das allein rechtlich gebotene und zulässige Verfahren, daß der Antrag wegen seines widerrechtlichen Charakters von vornherein seitens der Bundesversammlung abgewiesen werden mußte.

Daß diesem ihrem bestimmten Verlangen von ihren Bundesgenossen nicht entsprochen worden ist, kann die königliche Regierung im Hinblick auf das bisherige Bundesverhältniß nur aufs Tiefste beklagen.

Nachdem das Vertrauen Preußens auf den Schutz, welchen der Bund jedem seiner Mitglieder verbürgt hat, durch den Umstand tief erschüttert worden war, daß das mächtigste Glied des Bundes seit drei Monaten im Widerspruch mit den Bundesgrundgesetzen zum Behufe der Selbsthilfe gegen Preußen gerüstet hat, die Berufungen der königlichen Regierung aber an die Wirksamkeit des Bundes und seiner Mitglieder zum Schutze Preußens gegen willkürlichen Angriff Oesterreichs nur Rüstungen anderer Bundesglieder ohne Aufklärung über den Zweck derselben zur Folge gehabt haben, mußte die königliche Regierung die äußere und innere Sicherheit, welche nach Art. II. der Bundesacte der Hauptzweck des Bundes ist, bereits als in hohem Grade gefährdet erkennen.

Diese ihre Auffassung hat der vertragswidrige Antrag Oesterreichs und die eingehende, ohne Zweifel auf Verabredung beruhende Aufnahme desselben durch einen Theil ihrer bisherigen Bundesgenossen nur noch bestätigen und erhöhen können.

Durch die nach dem Bundesrechte unmögliche Kriegserklärung gegen ein Bundesglied, welche durch den Antrag Oesterreichs und das Votum derjenigen Regierungen, welche ihm beigetreten sind, erfolgt ist, sieht das königliche Cabinet den Bundesbruch als vollzogen an.

Im Namen und auf allerhöchsten Befehl Sr. Maj. des Königs, seines allergnädigsten Herrn, erklärt der Gesandte daher hiermit, daß Preußen den bisherigen Bundesvertrag für gebrochen und deßhalb nicht mehr verbindlich ansieht, denselben vielmehr als erloschen betrachten und behandeln wird.

Indeß will Se. Majestät der König mit dem Erlöschen des bisherigen Bundes nicht zugleich die nationalen Grundlagen, auf denen der Bund auferbaut gewesen, als zerstört betrachten.

Preußen hält vielmehr an diesen Grundlagen und an der über die vorübergehenden Formen erhabenen Einheit der deutschen Nation fest und sieht es als eine unabweisliche Pflicht der deutschen Staaten an, für die letztere den angemessenen Ausdruck zu finden.

Die königliche Regierung legt ihrerseits die Grundzüge einer neuen, den Zeitverhältnissen entsprechenden Einigung hiemit noch vor, und erklärt sich bereit, auf den alten, durch eine solche Reform modificirten Grundlagen einen neuen Bund mit denjenigen deutschen Regierungen zu schließen, welche ihr dazu die Hand reichen wollen (s. Anl. A.).

Der Gesandte vollzieht die Befehle seiner allerhöchsten Regierung, indem er seine bisherige Thätigkeit hiemit nunmehr für beendet erklärt.

Schließlich hat der Gesandte seiner allerhöchsten Regierung, in deren Namen und Auftrag, alle derselben aus dem bisherigen Bundesverhältniß zustehenden und sonst daraus entspringenden Ansprüche jeder Art auf das Eigenthum und alle Zuständigkeiten des Bundes vorzubehalten und zu wahren, insbesondere ist er noch angewiesen, gegen jede Verwendung bewilligter Bundesgelder, respective gegen jede Disposition darüber, welche ohne ihre besondere Zustimmung etwa erfolgen sollte, ausdrücklich Protest einzulegen.

Hierauf erklärte das Präsidium:

Der Deutsche Bund ist nach Art. I. der Bundesacte ein unauflöslicher Verein, auf dessen ungeschmälerten Fortbestand das gesammte Deutschland, so wie jede einzelne Bundesregierung ein Recht hat, und nach Art. V. der Wiener Schlußacte kann der Austritt aus diesem Verein keinem Mitgliede desselben freistehen.

Indem Präsidium sich gegenüber der von dem k. preußischen Gesandten eben erfolgten beklagenswerthen Erklärung auf den gefaßten competenzmäßigen Beschluß bezieht, Namens der hohen Versammlung auf obige Grundgesetze hinweist und die Motive der preußischen Erklärung als rechtlich und factisch unbegründet erklärt, muß dasselbe in förmlichster und nachdrücklichster Weise alle Rechte und Zuständigkeiten des Bundes wahren, welcher in vollkommen bindender Kraft fortbesteht.

Präsidium behält der hohen Bundesversammlung alle weiteren Entschließungen vor und ladet Hochdieselbe ein, sich diesem feierlichen Proteste anzuschließen.

Nachdem sich die Bundesversammlung dem Proteste angeschlossen hatte, äußerte **Präsidium**:

Die Verantwortlichkeit für die schwere Verwicklung, welche in Folge des Schrittes der preußischen Regierung für Deutschland eintritt, trifft diese allein. Die bundestreuen Regierungen werden ihre Pflichten gegen einander und gegen die deutsche Nation zu erfüllen wissen, indem sie auf dem Boden des Bundesrechts fest zusammenstehen.

Wir können die Abstimmung der einzelnen Curien* für und gegen den Antrag hier weglassen und wollen nur die Erklärung Badens noch zufügen. Das von Baden abgegebene Votum lautete:

Die großh. Regierung muß davon ausgehen, daß die durch den österreichischen Antrag an die hohe Bundesversammlung gekommene Anzeige über die bedauerlichen Vorfälle in Holstein zuförderst bundesgemäß zu behandeln und daß somit nach Art. 18 und 19 der Wiener Schlußacte der Bund Rath

---

* Die 17. Curie (freie Städte) stimmte als solche gegen Oesterreich. Für **Frankfurt** hat der Gesandte folgende Erklärung abzugeben: Der Senat geht, ohne die Motivirung des Antrages sich anzueignen, von der Ueberzeugung aus, daß der Bund von Gefahren bedroht ist, und muß aus diesem Grunde und da nach den Bundesgesetzen bei solcher Lage der Verhältnisse wegen der Vertheidigungsmaßregeln Beschluß gefaßt werden soll, dem auf Mobilisirung des VII., VIII., IX. und X. Armeecorps gerichteten Antrage zustimmen, indem es sich übrigens selbstverständlich für den Fall weiterer Beschlüsse weitere Entschließung vorbehält. — Schon früher hatte der ältere Bürgermeister der freien Stadt Frankfurt auf eine von Preußen d. d. 24. März 1866 erlassene Note nach der „Frankfurter Postzeitung" vom 5. April etwa folgendermaßen geantwortet: „Der Senat, welchem der ältere Bürgermeister von der preußischen Note vom 24. März 1866, soweit thunlich, Mittheilung gemacht hat, kann die in jener Note gestellte Anfrage nun dahin beantworten: Der Senat hat die unerschütterliche Ueberzeugung, daß Oesterreich, gleichviel, ob und welche Bewegungen in der Stellung seiner Heere stattfinden, einen Angriffskrieg gegen Preußen nicht beabsichtigen kann und in Treue gegen die Vorschriften der Bundesacte überall auch nicht beabsichtigt. Hiernach nun, da die Note nur die Abwehr eines etwaigen Angriffs in Aussicht nimmt, ist für den Senat eine Besorgniß wegen thätlicher Störung des Bundesfriedens nicht vorhanden. Er kann, wie er seinerseits unverbrüchlich auf dem Boden der Bundesverträge steht, nur der Hoffnung und Ueberzeugung Ausdruck geben, daß dieser Standpunkt im Interesse jedes Einzelnen und der Gesammtheit jetzt und immer derjenige aller Glieder des Bundes sein werde.

über die Erhaltung und Wiederherstellung der innern Ruhe und Sicherheit des Bundes zu pflegen und diejenigen Maßregeln zu bestimmen hat, welche in dem vorliegenden Fall zu dieser Erhaltung und Wiederherstellung des Bundesrechts nothwendig sind. Zu diesem Zweck wird die Bundesversammlung vor Allem einem Ausschuß den baldigsten Vorschlag der Maßregeln zu übertragen haben, welche rathsam und nothwendig sind.

Die großh. Regierung glaubt zugleich, daß der Zeitpunkt gekommen sey, in dem die hohe Bundesversammlung in Gemäßheit der Art. 11 der Bundesacte und 21 der Wiener Schlußacte ihre Thätigkeit vermittelnd eintreten lasse, um die Wiederkehr eines bundesmäßigen Zustandes zuvörderst in Holstein zu erwirken.

Die Haltung, welche Oesterreich in der jüngsten Zeit in der Frage der Herzogthümer dem Bund gegenüber eingenommen, und die Erklärungen, welche Preußen wiederholt abgegeben, wonach von ihm eine Friedensstörung nicht ausgehen solle, lassen noch hoffen, daß es der hohen Bundesversammlung gelingen könne, durch unbefangene Erörterung über die Ansprüche beider Staaten einen ehrenvollen Ausgleich unter denselben unter Wahrung des Bundesrechts zu ermöglichen.

Indem die großh. Regierung diesen Antrag stellt, kann sie zu ihrer Genugthuung beifügen, daß sie selbst sich bereits in Verbindung mit ihren Nachbarstaaten in den Stand setzt, einer an sie ergehenden Aufforderung des Bundes zur Erfüllung ihrer Bundespflichten rechtzeitig Genüge zu leisten, und daß daher nur der Wunsch, die Erhaltung des Friedens wenn thunlich zu ermöglichen, und in dieser wichtigen Frage strengstens die bundesgesetzlichen Vorschriften einzuhalten, ihr Votum leitet.

Schon am nächsten Tage (15. Juni) richtete Graf Bismarck an die preußischen Vertreter bei den auswärtigen Höfen folgende Depesche:

Ich habe Ew. Exc. ein Ereigniß mitzutheilen, durch welches das bestehende europäische Recht wesentlich verändert wird.

Die Bundesversammlung in Frankfurt beschloß in ihrer gestrigen (d. 14. d.) Sitzung mit 9 von 16 Stimmen die Mobilmachung der gesammten Bundesarmee mit Ausnahme des preußischen Contingents. Oesterreich, welches seine diplomatischen Beziehungen mit uns bereits abgebrochen hat, und dessen militärische Streitkräfte seit den letzten drei Monaten unsere Grenzen bedroht haben, hatte diese Maßregel am 11. Juni auf Grund einer vorgeblichen Beeinträchtigung seines Besitzrechtes von Holstein beantragt, während der österreichische Gesandte sich zugleich auf den Art. 19 der Wiener Schlußacte vom 8. Juni 1820 berief.

Der Art. 19 der Wiener Schlußacte, welcher als Grund dieser feindlichen Maßnahmen angegeben wurde, bildet, wie wohlbekannt, nur den Ausgangspunkt für die legalen Schritte, welche in den folgenden Artikeln für die Ausgleichung von Differenzen zwischen Mitgliedern des Bundes, wenn dieselben innerhalb der verfassungsmäßigen Competenz des Bundes fallen, vorgeschrieben sind, und für welche die Bundesexecutionsordnung die weiteren Anordnungen enthalten.

Die Aufstellung einer Bundesarmee gegen ein Mitglied des Bundes, wie solche in Uebereinstimmung mit dem Antrage Oesterreichs nach der Bundesmilitärverfassung beschlossen wurde, ist in Widerspruch sowohl mit dem Zwecke und dem Geiste des Bundes als auch mit dem Inhalt der Bundesacte, namentlich dem Art. 2 und Art. 11, welche die Art. 54 und Art. 63 der Wiener Congreßacte vom 9. Juni 1815 bilden und folgendermaßen lauten:

Art. 54. Le but de cette Confédération est le maintien de la sûreté extérieure et intérieure de l'Allemagne, de l'independance et de l'inviolabilité des Etats confédérés.

Art. 63 (alinea 3). Les Etats confédérés s'engagent de même a ne se faire la guerre sous aucun prétexte, et à ne point poursuivre leurs différends par la force des armes, mais à les soumettre à la Diète. Celle-ci essaiera moyennant une commission la voie de la médiation. Si elle ne réussit pas, et qu'une sentence juridique devient nécessaire, il y sera pourvu par un jugement Austrégal (Austrägal-Instanz) bien organisé, auquel les parties litigantes se soumettront sans appel.

Da der bundeswidrige Antrag Oesterreichs ungeachtet des Protestes von Seiten Preußens nicht nur zur Berathung gebracht, sondern auch zu einem Beschlusse der Bundesversammlung mittelst der obenerwähnten geringen Majorität erhoben wurde, so erklärte der königliche Gesandte im Namen Sr. Majestät in formeller Weise vor der Bundesversammlung den Bundesvertrag für aufgelöst und verließ unmittelbar darauf die Versammlung, in welcher die Mehrheit der Gesandten Staaten repräsentirten, welche schon vorher sich zu feindlichen Maßregeln gegen Preußen vereinigt hatten.

Es ist nun die Pflicht der königlichen Regierung in eben so ausdrücklicher Weise den Bruch des Bundesvertrags zu erklären, dessen Bestimmungen nunmehr alle Geltung jenen Mächten gegenüber verloren haben, welche durch Unterzeichnung der Wiener Congreßacte vom 9. Juni 1815 oder durch spätere Beistimmungserklärung Mitgründer des Bundesvertrags geworden sind, obwohl sie keine Garantie für dessen Aufrechthaltung übernommen haben.

Ich habe die Ehre, Ew. Exc. zu beauftragen, den Inhalt dieser Depesche durch Uebergabe einer Copie derselben der .... Regierung bekannt zu machen.

Berlin, 15. Juni.

Am 16. Juni erfolgte dann die nachfolgende Note, welche von dem Bundespräsidium an die bei dem deutschen Bunde beglaubigten Gesandten gerichtet wurde:

Nachdem die hohe deutsche Bundesversammlung in ihrer vorgestrigen Sitzung im Interesse der inneren Sicherheit Deutschlands den Beschluß gefaßt hatte, vier Armeecorps mobil zu machen, hat der k. preußische Gesandte im Namen Sr. Maj. des Königs erklärt, daß Preußen den Bundesvertrag für gebrochen und beshalb nicht mehr für verbindlich ansieht, denselben vielmehr als erloschen betrachten und behandeln wird.

Hr. v. Savigny erklärte zugleich seine bisherige Thätigkeit für beendet. Das Präsidium hat gegen die von dem k. preußischen Herrn Gesandten abgegebenen Erklärungen feierliche Verwahrung eingelegt, indem es seinerseits erklärte, daß der Deutsche Bund nach Art. I. der Bundesacte ein unauflöslicher Verein ist, und daß nach Art. 5 der Wiener Schlußacte der Austritt aus diesem Vereine keinem Mitgliede desselben freistehen kann.

Die hohe Bundesversammlung hat sich dieser Präsidialerklärung durchweg angeschlossen.

In ihrer heutigen Sitzung hat diese hohe Versammlung weiter erklärt, daß die Austrittserklärung Preußens ungiltig ist, und daß ihre Beschlüsse für Preußen fortwährend verpflichtend sind, und der unterzeichnete k. k. österreichische Bundespräsidialgesandte hat, einem gleichzeitig gefaßten Beschlusse zufolge, die Ehre, Seiner ec. von dem Vorstehenden Mittheilung zu machen. Zugleich ergreift er ec.

Bereits am 12. Juni wurde der österreichische Gesandte, Graf Karolyi, nebst Gesandtschaftspersonal von Berlin abberufen. Am 17. Juni erschien das kaiserlich österreichische und am 19. Juni das königlich preußische Manifest.

Inzwischen waren am 10. Juni die preußischen Truppen in Itzehoe, Horst, Bramstedt, Glückstadt und Elmshorn eingerückt. Der Gouverneur v. Manteuffel hatte sich nach Itzehoe begeben und den Baron von Scheel-Plessen zum Oberpräsidenten der Regierung ernannt, und an die Einwohner Holsteins eine Proclamation erlassen, in welcher derselbe das ruhige, besonnene Verhalten der Holsteiner beim Einmarsch der preußischen Truppen anerkannte, übrigens sämmtliche politischen Vereine schloß, alle seither ohne Concession herausgegebenen Blätter für so lang, als die gesetzlich vorgeschriebene Concession nicht eingeholt und ertheilt sein werde, verbot und die durch Bekanntmachung des österreichischen Statthalters vom 15. September 1865 eingesetzte holsteinische Landesregierung in Kiel auflöste. Der Baron v. Scheel-Plessen, zum Oberpräsidenten beider Herzogthümer ernannt, übernahm unter der Autorität der höchsten Militärgewalt die Leitung der Geschäfte der Civilverwaltung.

Am 11. und 12. Juni hatte sich die österreichische Brigade Kalik, unter dem Oberbefehl des Statthalters v. Gablenz nach Harburg eingeschifft und am 13., 14. und 15. kam dieselbe durch Frankfurt, wo sie sowohl bei Ankunft als bei ihrem Weiterzug nach Linz von der Einwohnerschaft jubelnd begrüßt wurde.

Am 15. Juni erschien im Auftrag und mit Vollmacht der k. preußischen Regierung der Frankfurter Advokat und Notar Dr. Thomas bei dem Chef des Bankhauses M. A. v. Rothschild u. Söhnen und notificirte demselben, daß die Bundesdepositen ohne die ausdrückliche Einwilligung Preußens fernerhin nicht mehr verausgabt beziehungsweise nicht mehr an die Bundeskasse verabfolgt werden dürften. Der Herr Notar machte den Chef des Hauses für die etwa hieraus entstehenden Schäden und Nachtheile in der üblichen Rechtsform verantwortlich. Der Herr Notar war von zwei Zeugen begleitet und nahm über die Verhandlungen den betreffenden notariellen Act auf.

An demselben Tage hatte Preußen an Sachsen, Hannover und Kurhessen ein Ultimatum gerichtet, worin es diese Länder auffordert
1) die Truppen sofort auf den Friedensstand vom 1. März cr. zurückzuführen,
2) der Berufung des deutschen Parlaments zuzustimmen, und die Wahlen dazu auszuschreiben, sobald es von Preußen geschehe, und worin
3) Preußen dem Könige (Kurfürsten) Gebiet und Souveränetätsrechte nach Maßgabe der Reformvorschläge vom 14. d. M. gewährleiste.

Am 16. Juni früh Morgens rückten, da inzwischen die betreffenden Regierungen ablehnende Antworten ertheilt hatten, die Preußen in Hannover, Sachsen und Kurhessen ein.

In der Bundestagssitzung desselben Tages, auf die von der k. sächsischen Regierung erstattete Anzeige, daß preußische Truppen die sächsische Grenze überschritten hätten, und auf den daran geknüpften Antrag, unverweilt die erforderlichen Maßregeln zu ergreifen, damit den Störungen Einhalt gethan werde, und wobei insbesondere die Regierungen von Oesterreich und Bayern ersucht wurden, die von der k. preußischen Regierung ergriffenen Maßregeln, dafern nöthig, mit Gewalt zurückzuweisen und zu einem solchen Vorgehen ohne Aufschub das Nöthige vorzukehren, erklärte Oesterreich, daß Se. Maj. der Kaiser mit seiner vollen Macht der gegen seine Bundesgenossen geübten Gewalt entgegentreten und demgemäß mit Aufbietung aller militärischen Kräfte unverzüglich handeln werde. Derselbe erwarte ein gleiches Einstehen für die gemeinsame Sache, für Deutschlands Recht und Freiheit von allen bundestreuen Regierungen und sei es daher sehr wünschenswerth, daß die Regierungen sich unverweilt über den einheitlichen Oberbefehl verständigten. Nachdem auch seitens der königlich bayerischen Regierung die volle Bereitwilligkeit ausgesprochen, ward der Antrag mit 10 Stimmen zum Beschluß erhoben. (5 Stimmen enthielten sich der Abstimmung, Baden stimmte dafür.)

Im Auftrag ihrer Regierungen wiederholt die Bundesversammlung den in der letzten Sitzung bereits durch die Gesandten erhobenen Protest wegen des von Preußen erklärten Austritts und sprach ihren Entschluß aus, an dem Bunde als einem unauflöslichen Verein festhalten zu wollen.

An diesem Tage (16. Juni) gegen 12 Uhr gieng die Bundesordre behufs Truppenconcentration in Frankfurt und dessen Umgebung nach Darmstadt. Um 2 Uhr stand schon eine starke Abtheilung von Infanterie und Chevaulegers in Frankfurt. Eine Stunde später kamen noch mehrere tausend Mann beider Waffengattungen, welche in der Carmeliterkaserne untergebracht wurden. Eine Batterie Artillerie nahm in Sachsenhausen Quartier und verschiedene Detachements bezogen in der Umgegend Cantonements. — Das königlich preußische Telegraphenbureau wurde von königlich bayerischen Truppen besetzt und dem Beamtenpersonal bedeutet, daß seine Functionen bis auf Weiteres aufgehört hätten. Die Telegraphenbeamten, auf deren Bureau ein Offizier fungirte, nahmen über Truppenstellung und Zuzüge keine Depeschen mehr an.

Der Königlich Preußische „Staatsanzeiger" vom 19. Juni (siehe Nr. 143 desselben) brachte hierüber folgende Auslassung:

„Am 16. d. M. wurde Nachmittags die preußische Telegraphenstation in Frankfurt a. M. mitten im Frieden von bayerischen Truppen überfallen und die Einstellung der amtlichen Functionen der Beamten erzwungen.

Von der preußischen Regierung ist in Veranlassung dieses Ereignisses an die europäischen Mächte ein Cirkular wegen des stattgefundenen Bruchs des Völkerrechts gerichtet worden.

Die preußische Telegraphenstation bestand in Frankfurt auf Grund rechtsbeständiger Staatsverträge, deren Gültigkeit keinem Zweifel unterliegen konnte, da Preußen mit der freien Stadt Frankfurt im Frieden lebt, auch bisher von einer bayerischen Kriegserklärung keine Kenntniß hat. Zu der Zeit, wo dieser Akt der Gewalt in Frankfurt vorfiel, waren sogar die diplomatischen Beziehungen zwischen den Höfen von Berlin und Wien noch in Wirksamkeit.

Mit demselben Rechte, mit welchem Bayern gegen die preußische Telegraphenstation einen Akt der Gewalt ausführte, hätten die hiesigen bayerischen

Zoll- und andern Beamten preußischer Seits verhaftet werden können. Ja sogar die Sicherheit der bayerischen Gesandtschaft und ihrer Archive in Berlin beruhte auf demselben Grunde des Völkerrechts und derselben Achtung vor den Verträgen, welche die preußische Telegraphenstation und ihre Archive in Frankfurt a. M. hätte schützen müssen.

Als Entschuldigung für diese Rechtsverachtung wird die Behauptung aufgestellt, daß man in Frankfurt einen Ueberfall durch preußische Truppen befürchtet habe. Wenn auch die Thatsache, daß zunächst vom österreichischen Bevollmächtigten beim vormaligen Bundestage der Befehl zur Ausführung des Gewaltaktes in Frankfurt ertheilt sei, begründet ist, so befreit dieser Umstand die bayerische Regierung nicht von der Verantwortlichkeit für die Handlung, aber es liegt darin der Beweis, daß von Oesterreich die politische wie militärische Diktatur in Frankfurt a. M. ausgeübt wird."

Von hier ab nahmen die Ein- und Durchzüge der zum VIII. Bundesarmeekorps gehörigen oder demselben zugetheilten Truppen (Hessen-Darmstädter, Württemberger, Badenser, Oesterreicher, Nassauer und Kurhessen) ungestörten Fortgang und fanden in Frankfurt und den umliegenden Orten fortwährend Einquartierungen statt.

Die Ereignisse, welche vom Beginn des Krieges bis zum Friedensabschlusse mit Oesterreich und den mit ihm verbündeten Staaten erfolgten, gehören der allgemeinen Geschichte an, und sind noch frisch in Aller Gedächtniß. Wir wenden deßhalb unsre Blicke nur den Ereignissen zu, welche specielleren Bezug auf die Geschichte der Stadt Frankfurt haben.

In ihrer Sitzung vom 4. Juli bewilligte die Bundesversammlung die Summe von 200,000 fl. aus Bundesmitteln zur Anlage passagerer Schanzen in der Umgebung von Frankfurt, zu deren Ausführung alsbald von Seiten des Obercommando's der Bundesarmee geschritten wurde. Solche Schanzen wurden angelegt bei Fechenheim, Bornheim, an der Friedberger Warte, am Wege nach Eschersheim, bei Ginheim, bei Bockenheim und am Hellerhof.

In der Sitzung der Bundesversammlung vom 11. Juli brachte indeß der Gesandte der freien Stadt Frankfurt nachfolgenden Antrag ein:

„Die hohe Bundesversammlung hat in ihrer Sitzung vom 4. d. M. Gelder aus Bundesmitteln zur Anlegung passagerer Schanzen in der Umgebung von Frankfurt zu bewilligen sich veranlaßt gesehen.

„Der Gesandte der freien Stadt Frankfurt hat diesem Beschlusse nicht zugestimmt und hat in seiner motivirten Abstimmung seiner Regierung weitere Erklärung ausdrücklich vorbehalten.

„Nachdem die Arbeiten jener Verschanzungen in der That begonnen und nunmehr auch die Truppen des 8. Armeekorps in der nächsten Nähe der Stadt Frankfurt concentrirt worden sind, ist der Gesandte von Frankfurt von dem Senate dieser Stadt zu der nachfolgenden Erklärung und zu dem damit verbundenen Antrage ermächtigt worden.

„Der Senat, welcher der in der Sitzung vom 4. d. M. von seinem Gesandten abgegebenen Erklärung seine vollste Zustimmung ertheilt, bescheidet sich, die militärischen Anordnungen, welche in der Nähe von Frankfurt sich entwickeln, vom militärischen Standpunkte aus einer Beurtheilung zu unterziehen; er gibt den Zweifeln keinen Ausdruck, welche in dieser Beziehung bei ihm laut geworden sind.

„Dagegen sind es zwei andere Gesichtspunkte, welche anzudeuten er ebenso verpflichtet als berechtigt ist.

„Die erwähnten militärischen Maßregeln und Aufstellungen können zum Zwecke haben: entweder die Sicherung dieser hohen Versammlung oder die Sicherung der Stadt Frankfurt.

„Eine andere Aufgabe vermag der Senat, bei der dermaligen Lage der Verhältnisse nicht zu finden und nicht anzuerkennen.

„Handelt es sich von der Sicherung der hohen Versammlung, so steht zunächst der Bundesversammlung selbst die Entscheidung darüber zu, ob überhaupt und welche militärische Anordnungen dazu getroffen werden sollen. Nimmt aber der Senat an — und er darf dies, ohne einer Aengstlichkeit Raum zu geben, die ihm ferne liegt — daß die beabsichtigte Sicherung dieser hohen Versammlung eine große Beschädigung, wenn nicht eine Vernichtung der Stadt Frankfurt zur Folge haben könnte, so darf der Senat vertrauen, daß die Bundesversammlung mit einem solchen Opfer ihre Sicherung nicht wird erkaufen wollen.

„Handelt es sich dagegen lediglich von Sicherung der Stadt Frankfurt, so wird dieser Stadt wohl vergönnt sein, auch ihr Wort dabei einzulegen und ihre Auffassung dabei zur Geltung zu bringen, die hohe Versammlung aber wird es sich bundesverfassungsgemäß nicht versagen wollen, dasjenige vorzukehren, was zum Schutze Eines im Bunde, der um Schutz anruft dienlich ist.

„Die Stadt Frankfurt bedarf, wie der Senat offen und unverhohlen ausspricht, in der gegenwärtigen Lage der Verhältnisse eines militärischen Schutzes nicht.

„Sie ist der Ansicht, daß die militärischen Maßregeln, welche zu ihrem Schutze zur Zeit angeordnet und ausgeführt worden, für sie gefährlicher sind, als die Gefahren, vor welchen sie geschützt werden soll, und kommt damit zu der Ueberzeugung, daß sie, wenn sie wahrhaft vor Nachtheil und Verderben bewahrt werden soll, als offene, unbefestigte und unvertheidigte Stadt betrachtet und behandelt werden müsse.

„Der Gesandte ist nach dieser Erklärung, rücksichtlich deren er jeden Zweifel an der dauernden Bundestreue der Stadt mit aller Entschiedenheit ablehnen muß, zu dem Antrage beauftragt:

Hohe Bundesversammlung wolle beschließen und verordnen, daß alle, sei es zur Sicherung dieser hohen Versammlung, sei es zur Sicherung der Stadt in der Umgebung derselben und sonsten bis jetzt getroffenen militärischen Anordnungen einzustellen und hinwegzuziehen seien.

„Der Gesandte ist weiter beauftragt, um sofortige Entschließung hoher Versammlung zu bitten und behält vorsorglich dem Senate weitere Entschließung vor."

Die Bundesversammlung hatte in derselben Sitzung, in welcher dieser Antrag eingebracht worden war, entgegenkommend zu dem Beschlusse sich geeinigt, davon dem Commando des 8. Bundesarmeecorps unter dem Anheimgeben Mittheilung zu machen, den Wünschen der Stadt Frankfurt, so weit es die militärischen Operationen verstatten, zu entsprechen. In Folge dessen wurde der Weiterbau sistirt.

In derselben Sitzung beschloß die Bundesversammlung mit Rücksicht auf die eingetretenen Verhältnisse, um ihre Thätigkeit ungehemmt und ihren Verkehr mit den bundestreuen Regierungen ungestört zu erhalten, ihren Sitz provisorisch nach Augsburg zu verlegen.

Auch wurde sodann beschlossen, daß der Präsidialgesandte Namens der Bundesversammlung folgendes Schreiben an den älteren Bürgermeister der freien Stadt Frankfurt richte:

Note an den älteren regierenden Bürgermeister der freien Stadt Frankfurt Hrn. Senator Fellner.

„Die Bewegungen der feindlichen Truppen legen der Bundesversammlung die Pflicht auf, für die Freiheit ihrer Berathungen und den ungestörten Verkehr der Bundestagsgesandten mit ihren Regierungen Sorge zu tragen. Aus dem Ernste der Zeiten erwachsen der Bundesversammlung neue, schwere Obliegenheiten, die sie zu erfüllen fest entschlossen ist, und dieselbe glaubt es den im gemeinsamen Kampfe für Deutschlands Recht und Freiheit zusammenstehenden Regierungen und Völkern gleichmäßig schuldig zu sein, die oberste Bundesbehörde in freier Thätigkeit zu erhalten, da sie die Unauflöslichkeit des Nationalbandes und die Zusammengehörigkeit aller deutschen Länder in gesetzlicher Form vertritt.

„Sie hat daher beschlossen, ihren Sitz provisorisch nach Augsburg zu verlegen und das beim Deutschen Bunde beglaubigte diplomatische Corps einzuladen, ihr zu folgen.

„Indem sie Frankfurt zeitweilig verläßt, spricht sie ihre lebhafte Anerkennung der vaterlandstreuen Gesinnungen aus, welche diese freie Stadt durch manchen Wechsel der deutschen Geschicke unverändert bethätigt hat. Diese Gesinnungen wird Frankfurt bei seinem regen Gefühle für Deutschlands Größe und Freiheit auch ferner bewahren.

„Die in dieser Versammlung vertretenen bundestreuen Regierungen werden fest und ungebeugt zur Sache des Vaterlandes und des Rechtes gegen Sonderbund und Vergewaltigung stehen, und die Bundesversammlung darf daher im Vertrauen auf den endlichen Sieg der guten Sache die Hoffnung aussprechen, daß in den Mauern dieser an Erinnerungen deutscher Größe reichen Stadt sich die Vertreter der Fürsten und Völker zusammenfinden werden, um Deutschlands Macht und Freiheit dauernd zu begründen.

„Der Unterzeichnete hat die Ehre, im Namen der hohen Bundesversammlung Vorstehendes zur Kenntniß Seiner Hochwohlgeboren des älteren regierenden Bürgermeisters Herrn Senators Fellner zu bringen und ergreift zugleich diesen Anlaß zur erneuerten Versicherung seiner ausgezeichnetsten Hochachtung."

Am 15. Juli erschien folgende Proclamation des Senates an die Bürgerschaft.

Der Senat an die Bürgerschaft von Stadt und Land.

Der zwischen deutschen Bruderstämmen ausgebrochene Krieg droht auch das Gebiet der freien Stadt Frankfurt zu überziehen.

Die Hohe Deutsche Bundesversammlung, welche in hiesiger freien Stadt ihren Sitz hat, ist bereits zu dem Entschlusse gelangt, diese Stadt zeitweise zu verlassen.

Unsere Stadt ist eine offene Stadt und steht als solche unter dem Schutze des durch die Anerkennung aller Nationen geheiligten Völkerrechtes. Leben und Eigenthum der Bürger und Einwohner erscheinen daher in keiner Weise bedroht.

Dagegen fühlt der Senat in dieser verhängnißvollen Zeit sich gedrungen, der Bürgerschaft offen und freimüthig das Nachfolgende zu verkünden:

Der Senat wird treu zu dem Bunde stehen, der als unauflöslicher Verein gegründet ist und die Erhaltung der Unabhängigkeit und Unverletzbarkeit der einzelnen deutschen Staaten zum Zwecke hat. Derselbe hält aber eine Umgestaltung der Bundesverfassung, die Schaffung einer starken Centralgewalt und die Einsetzung einer wirksamen Vertretung des gesammten deutschen Volks für dringend geboten und wird sich freudig allen hierauf gerichteten Bestrebungen anschließen.

Es ist der feste Entschluß des Senats, bis zu glücklich erreichter Umgestaltung der Bundesverfassung die durch völkerrechtliche und Bundesverträge begründete und gewährleistete Unabhängigkeit und Unverletzbarkeit hiesiger freien Stadt zu wahren.

Mag dieser Entschluß auch unserer freien Stadt, diesem friedlichen Gemeinwesen, dieser Stätte des Handels und der Gewerbe, dieser Quelle des Wohlstandes und der Wohlthätigkeit, schwere Prüfungen auferlegen, so hegt doch der Senat die feste Zuversicht, daß die gesammte Bürgerschaft, in ihrem Rechtsgefühl und ihrer Treue für das deutsche Vaterland, ihm zur Seite

stehe, und im Bewußtseyn, das Rechte gewollt und Treue bewahrt zu haben, die Prüfungen, die über uns kommen können, standhaft ertragen werde. Gott beschütze das deutsche Vaterland und die freie Stadt Frankfurt!
Frankfurt a. M., den 15. Juli 1866.
Bürgermeister und Rath
der freien Stadt Frankfurt.

Der Morgen des 16. Juli brachte die Kunde, daß die Preußen noch an demselben Tage in Frankfurt einrücken würden. In Anbetracht dessen wurde folgende Proclamation des Senates an den Ecken angeschlagen:

„Der Senat an die Bürger und Einwohner von Stadt und Land. Königl. preußische Truppen werden in unserer Stadt und deren Gebiet einrücken. Dieser Einmarsch erfolgt unter Verhältnissen, welche wesentlich verschieden von denjenigen sind, unter welchen königl. preußische Truppen noch vor kurzer Zeit friedlich bei uns gewohnt haben. Der Senat beklagt den Wechsel, der in den Verhältnissen eingetreten ist. Bei der Größe der Opfer, von welchen dieser Wechsel bis jetzt schon begleitet war, verschwindet die Belastung, welche der Stadt und dem Lande bevorsteht. Den Bürgern und Einwohnern ist es bekannt, daß die Disciplin der königl. preußischen Truppen musterhaft ist. Der Senat ermahnt unter diesen Umständen die Bürger und Einwohner von Stadt und Land zur freundlichen Aufnahme der königl. preußischen Truppen."

Ueber den Einmarsch der Preußen selbst lassen wir die „Frankfurter Nachrichten", Beiblatt zum Intelligenz=Blatt (siehe Nr. 82 vom 18. Juli) berichten: „Frankfurt 17. Juli. Gestern Nachmittag kurz nach 4 Uhr langte der erste Zug preuß. Truppen mit der Hanauer Bahn im Röderwäldchen an, worauf Zug auf Zug folgte bis gegen Abend 8 Uhr der Einmarsch der Truppen in die Stadt erfolgte. Die Straßen waren dicht mit einer großen Menschenmenge bedeckt. Theils in längeren, theils in kürzeren Intervallen zogen Kürassiere, Husaren, Jäger, Artillerie und Infanterie an ihr vorüber, defilirten mit klingendem Spiel auf dem Roßmarkt vor dem kommandirenden General von Falckenstein und bezogen hierauf theils die Kasernen, theils die Quartiere bei den Bürgern im westlichen Stadtviertel. Um halb 10 Uhr wurde die Hauptwache, welche von Soldaten des hiesigen Linienbataillons seither noch besetzt war, von einer Compagnie Preußen, Musik an der Spitze, mit allen beiderseitig erzeigten militärischen Ehrenbezeugungen übernommen, worauf die hiesigen Truppen mit Waffen und Gepäck in die Kaserne zogen. Die Bahnhöfe waren kurz vor dem Einmarsch des Gros der preußischen Truppen von Reiterei besetzt worden, während einige die Straße nach Mainz zu ritten. Zwei Kanonen befanden sich an der Hauptstraße aufgepflanzt."

Es erschien alsbald folgende Bekanntmachung:

„Die Regierungsgewalt über das Herzogthum Nassau, die Stadt Frankfurt mit deren Gebiet, sowie über die von mir occupirten Landestheile des Königreichs Bayern und des Großherzogthums Hessen geht zur Zeit auf mich über. Die in den genannten Ländern fungirenden Verwaltungsbehörden verbleiben vorläufig in ihrer Stellung, haben aber fortan allein von mir Befehle anzunehmen, deren präciser Ausführung ich entgegengesehen wissen will.

Hauptquartier Frankfurt, 16. Juli 1866.

Der commandirende General der Main-Armee
v. Falckenstein."

Am Morgen des 17. Juli berief General von Falckenstein den älteren Bürgermeister Fellner und Senator Dr. Müller zu sich und eröffnete denselben: Der Senat, die ständige Bürgerrepräsentation und die gesetzgebende Versammlung seien aufgelöst. Zugleich ernannte er die beiden Herren unter dem Titel „Regierungsbevollmächtigte" zu seinen Assistenten in der Regierung der Stadt Frankfurt, was dieselben am folgenden Tag durch die Stadtkanzlei zu öffentlicher Kenntniß brachten. (Siehe weiter hinten.)

In Folge dieser Verfügung des Obercommandos hatte der Senat am 17. Juli seine letzte Sitzung gehalten. Noch an demselben Tage wurden Maßregeln zur Beschränkung der Presse getroffen. Gegen 10 Uhr Vormittags wurden die noch anwesenden Redacteure der „Neuen Frankfurter Zeitung", sowie einer der Eigenthümer des Blattes, von preußischen Feldgendarmen verhaftet und zum commandirenden General v. Falckenstein abgeführt. Die Lokalitäten des Blattes, auf welchen das amerikanische Sternenbanner wehte, blieben von preußischem Militär besetzt. Zur selben Zeit besetzte eine von einem Offizier geführte und von einem Feldgendarmen begleitete Abtheilung Militär das Büreau der „Frankfurter Post-Zeitung", resp. den Hof der Osterrieth'schen Druckerei und verwehrte jeglichen Ein- und Austritt. Auch hier wurden der für die Postzeitung als verantwortlich zeichnende Setzer W. Hebberich und der gerade in den Hof eintretende Chefredakteur, der Meining'sche Hofrath Dr. jr. Fischer-Goullet (Sohn Hannibal Fischer's) verhaftet abgeführt, während das übrige Personal bis Abends 6 Uhr unter militärischer Bewachung bleiben mußte. Hofrath Fischer-Goullet erlitt kurz nach seinem Eintritt in den englischen Hof, wohin er zur Vernehmung vor den commandirenden General v. Falckenstein geführt wurde, einen Nervenschlag und wurde sein Zustand von den Aerzten als hoffnungslos betrachtet.* Aehnliche Maßregeln wurden gegen andere hier erscheinende Blätter, wie „Tagblatt", „Volksfreund", „Neueste Nachrichten" und die „Frankfurter Laterne" in's Werk gesetzt. Am nächsten Morgen wurden die Redaktionen der betreffenden Blätter versiegelt. In Bezug hierauf erschien folgende Bekanntmachung:

„Folgende in Frankfurt erscheinende Blätter dürfen zur Zeit fortbestehen:
  1) Frankfurter Journal,**
  2) Börsenzeitung,
  3) Intelligenzblatt der Stadt Frankfurt nebst Amtsblatt,
  4) Frankfurter Anzeiger,
  5) Actionär,
  6) Theaterbilder,
  7) Le Chroniqueur,
  8) Coursblatt,
  9) Badezeitung,
  10) Christlicher Hausfreund,

---

* Der Tod des Hofrath Fischer erfolgte am 19. Juli, Morgens 5 Uhr, seine Beerdigung am 21. Juli in Rödelheim. Die letzten Worte, welche er am Tag vor dem Einmarsch der Preußen geschrieben hatte, waren die folgenden: „Die Geschicke der kommenden Tage stehen auf der Spitze der Bayonnette. Nicht in der Hand der Bürger kann es jetzt liegen, daran etwas zu ändern. Für die Bevölkerung eines machtlosen Kleinstaates besteht im Moment gar kein weiterer Beruf, als den kämpfenden Truppen ihr Loos möglichst zu erleichtern, für Freund und Feind Krankenpflege und Barmherzigkeit zu gewähren — vor Allem aber sich jeder thätlichen Parteinahme zu enthalten — der Einzelnen Recht und Pflicht ist Gehorsam gegen die verantwortliche Obrigkeit, auf eigene Faust durch Verrath, Verschwörung, Angeberei, Politik treiben zu wollen, ist nicht nur gefahrvoll, sondern eine Verletzung der Unterthanenpflicht und Sicherheit des eigenen Staates. Mag nun die eine oder die andere Macht siegreich aus der sich vorbereitenden Schlacht hervorgehen, so thut man nicht wohl daran, zu übersehen, daß alles Glück, auch das kriegerische, auf einer Kugel steht.
Von unsern Bundestruppen weiß man aus Erfahrung, daß sie trefflich Mannszucht halten, darüber ist kein Wort zu sagen. Aber auch über die preußischen Heere wird aus Sachsen, Hannover, Kurhessen ꝛc. gemeldet, daß ihr Betragen nirgends die Pflichten der Humanität verläugnet und abgesehen von der Sache selbst, in den Formen und Bedingungen der auferlegten Leistungen Recht und Billigkeit nicht verläugnet. Warten wir ab, wem der Gott der Schlachten den Sieg verleihen wird." (s. Nr. 363 der Frankfurter Postzeitung vom 16. Juli, Abendblatt.)
** Auf Anordnung des commandirenden Generals der preußischen Main-Armee, Hrn. v. Falckenstein, sollten von diesem Tage an alle offiziellen Bekanntmachungen in dem „Frankfurter Journal" publicirt werden.

11) Pferdemarktszeitung,
12) Stenographische Zeitung, ohne stenographische Chiffern,
13) Musikzeitung.

Die Herausgabe aller übrigen hier bislang erschienenen Zeitungen, Tageblätter und Journale ist hiermit untersagt. *

Hauptquartier Frankfurt, 18. Juli 1866.

Das Obercommando der Main-Armee
v. Falckenstein."

Ferner sind in Bezug hierauf noch folgende Bekanntmachungen anzuführen:

„Der Königlich Preußischen Commandantur zu Frankfurt am Main (im russischen Hofe) sind täglich um 8 Uhr Morgens je sechs Exemplare der in dem Befehl des Obercommando's der Main-Armee de dato 18. c. namentlich aufgeführten Zeitungen und Journale, deren Fortbestand nicht untersagt, vor der Ausgabe einzuliefern.

Frankfurt a. M., 18. Juli 1866.

Die Königlich Preußische Commandantur
von Wrangel."

Ferner

Bekanntmachung.

Die laut Bekanntmachung d. d. 18. Juli 1866 an die hiesige Commandantur einzuliefernden Pflichtexemplare von Zeitungen und Journalen sind fortan nicht mehr an erstere, sondern zu Händen des Königl. Preußischen Civilcommissarius auf dem Büreau der Königl. Preußischen ehemaligen Bundestags-Gesandtschaft, neue Mainzerstraße No. 45, Morgens bis 9 Uhr, abzugeben.

Frankfurt a. M, 21. Juli 1866.

Die Königlich Preußische Commandantur
von Wrangel."

Auch zwei Mitglieder des Senates, Frhr. v. Bernus und Polizeisenator Dr. Speltz wurden am 17. Juli verhaftet und auf die Hauptwache abgeführt, darauf zur Internirung nach Köln beordert, alsbald aber mittelst telegraphischer Weisung wieder auf freien Fuß gesetzt.

---

* Nr. 361 vom 17. Juli 1866 war die letzte Nummer der Postzeitung, und hiermit schloß das zweitälteste Journal Deutschlands seine lange Laufbahn. (Dasselbe wurde im Januar 1617 von dem Postmeister Johann v. d. Birghben, unter dem Titel „Post-Avisen", zwei Jahre später als das „Frankfurter Journal" gegründet.

Wir theilen folgende hierauf bezügliche Actenstücke mit:
Seiner Excellenz
Herrn General Vogel von Faldenstein.

Die Unterzeichneten, Mitglieder Hohen Senates dieser freien Stadt und Vorstände von freistädtischen Aemtern, sind heute Vormittag auf Verfügung der Commandantur in Detention verbracht worden.

Indem dieselben gegen diese Beeinträchtigung ihrer persönlichen Freiheit hiermit Verwahrung einlegen, bitten dieselben dringend, sie mit der Ursache der über sie verhängten Maßregel bekannt machen zu wollen.

Hochachtungsvoll
(gez.) Dr. Speltz. von Bernus.

Obercommando der Main-Armee.
Sect. III. Nr. 1138.

An
die Senatoren der freien Stadt Frankfurt
Herrn Speltz und von Bernus hier.

Auf Ihre gemeinsame, mir heute vorgelegte Vorstellung ohne Datum erwidere ich Ihnen, daß Ihre Detention nur den Zweck hat, Ihnen während der diesseitigen Occupation Frankfurts die Gelegenheit zu entziehen, Ihre preußenfeindlichen Gesinnungen hier zur Geltung bringen zu können.

H.-O. Frankfurt a. M., den 17. Juli 1866.
Der commandirende General der Main-Armee
(gez.) von Faldenstein.

Die augenblicklich detinirten Herren Senatoren Freiherr von Bernus und Speltz sind ihrer Haft zu entlassen und ist ihnen gegen Verpfändung ihres Ehrenwortes anzuweisen, sich binnen 24 Stunden nach der Festung Cöln zu begeben und sich bei dem dortigen Commandanten General von Frankenberg zu melden.

Frankfurt a. M., den 17. Juli 1866.
Der Oberbefehlshaber der Main-Armee
(gez.) von Faldenstein.

Die Senatoren von Bernus und Dr. Speltz haben sich heute Morgen 11 Uhr hier bei mir gemeldet und sind Abends 6 Uhr entlassen worden.
Cöln, den 19. Juli 1866.

Königliche Commandantur
(gez.) von Frankenberg.
Generalmajor und Commandant.

An
Seine Hochwohlgeboren
Herrn Bürgermeister Senator Fellner
in Frankfurt a. M.

Die unterzeichneten Senatsmitglieder wurden am 17. d. M., bald nach der an diesem Tage stattgehabten ordentlichen Senatssitzung, durch Königlich

Preußische Offiziere verhaftet und auf die Hauptwache in Detention verbracht, von da gegen Verpfändung ihres Ehrenwortes, sich binnen 24 Stunden nach der Festung Cöln zu begeben und sich bei dem dortigen Commandanten General von Frankenberg zu melden, in ihre Wohnungen entlassen, auch, nachdem sie ihr Ehrenwort eingelöst hatten, in der Festung Cöln internirt, jedoch am 19. d. M., Abends 6 Uhr, von der Festung Cöln entlassen.

Dem mitunterzeichneten Senator von Bernus war es unmittelbar nach seiner Verhaftung noch möglich, unter Begleitung des seine Verhaftung ausführenden Offiziers in dem Senatszimmer, woselbst ein Theil der Senatsmitglieder versammelt war, von der gegen ihn geübten Gewalt Anzeige zu machen.

Dagegen war den Unterzeichneten mit ihrer Verbringung auf die Hauptwache jede Theilnahme an der Hohem Senate zustehenden Regierungsgewalt, sowie die Ausübung der ihnen obliegenden Amtsverpflichtungen unmöglich gemacht.

Durch die mündlichen Benachrichtigungen, welche Euer Hochwohlgeboren den Unterzeichneten bei Ihrem sehr freundlichen Besuche auf der Hauptwache gegeben haben, sind die Unterzeichneten auf die gewaltsame Suspension der Verfassung der freien Stadt Frankfurt vorbereitet worden, welche durch die öffentliche Bekanntmachung des commandirenden Generals der Königlich Preußischen Main=Armee Herrn von Faldenstein vom 16. Juli 1866 zur politischen Thatsache geworden ist.

Inhaltlich dieser Bekanntmachung ist die Regierungsgewalt über die Stadt Frankfurt mit deren Gebiet zur Zeit auf den commandirenden General der Main=Armee übergegangen und haben die fungirenden Verwaltungsbehörden allein von dem gedachten commandirenden General Befehle anzunehmen.

Die unterzeichneten Senatsmitglieder haben an der durch diese politische Thatsache herbeigeführten zeitweisen Suspension der Verfassung der freien Stadt Frankfurt keinen Theil.

Dieselben sind durch ihre Gefangenhaltung gewaltsam verhindert worden, gegen diese zeitweise Suspension der Verfassung ihrerseits Protest und Verwahrung einzulegen.

Dieselben dürfen endlich, eingedenk ihres Eides, die Rechte der freien Stadt Frankfurt, der Behörden, Körperschaften und Bürger zu schützen, als Vorstände von Verwaltungsbehörden die Befehle des commandirenden Generals der Main=Armee nicht annehmen und denselben keine Folge leisten.

Die unterzeichneten Senatsmitglieder wollen, indem sie die vorstehende Erklärung zur Kenntniß Euer Hochwohlgeboren als verfassungsmäßigen Vorsitzenden Hohen Senates bringen, für ihre Person und in ihrer Eigenschaft als Mitglieder Hohen Senates der freien Stadt Frankfurt und als Vorstände von städtischen Verwaltungsämtern ihre Ehre und ihr Gewissen wahren, gegen die gewaltsame Suspension der Verfassung der freien Stadt Frankfurt nachträglich feierliche Verwahrung einlegen und als einzige Richtschnur ihres künftigen Verhaltens die treue Erfüllung ihres Diensteides bezeichnen.

Dieselben verbinden damit die Anzeige, daß sie unter den gegenwärtigen Verhältnissen sich zur Zeit verpflichtet fühlen, nach Frankfurt nicht zurückzukehren, aber mit heißer Sehnsucht auf den Zeitpunkt harren, in welchem sie wiederum für die verfassungsmäßigen Rechte der freien Stadt Frankfurt eintreten und die schweren Prüfungen, welche über ihre Vaterstadt gekommen sind, mit ihren Mitbürgern theilen können.

Wir übersenden Euer Hochwohlgeboren diese Zuschrift durch einen zuverlässigen Boten und bitten demselben den Empfang gefälligst bescheinigen zu wollen.

Schließlich verfehlen wir nicht, Euer Hochwohlgeboren unsere ausgezeichnete Hochachtung zu bezeugen.

Cöln, den 20. Juli 1866.

(gez.) Dr. Speltz. von Bernus.

Ein Schreiben der Herren Senatoren Speltz und von Bernus heute Vormittag 7 Uhr erhalten.

Frankfurt a. M., den 21. Juli 1866.

(gez.) Fellner.

Am 17. Juli wurde das bayerische und das Neckar-Telegraphenamt geschlossen, die telegraphische Verbindung überhaupt abgeschnitten. Auch der Post- und Eisenbahnverkehr wesentlich gehemmt.

Folgende Bekanntmachungen datiren noch vom 17. Juli:

„Mit Bezug auf meinen Corps-Befehl d. d. Hannover, den 19. Juni d. J., bestimme ich betreffs der Verpflegung der unter meinem Befehle stehenden Truppen der Main-Armee, so lange dieselbe auf feindlichem Gebiete steht, was folgt:

Die Offiziere, die im Offizier-Range stehenden Beamten, die Feldwebel, Portepee-Fähnriche und die in Offizier-Stellen fungirenden Unteroffiziere haben zu verlangen:

des Morgens Kaffee mit Zuthat;

des Mittags: Suppe, Fleisch, Gemüse, Braten und 1 Flasche Wein;

des Nachmittags: Kaffee;

des Abends: Abendbrod und außerdem täglich 8 Stück gute Cigarren.

Die mit Verpflegung einquartierten Mannschaften erhalten:

des Morgens: Kaffee mit Zuthat;

des Mittags: 1 Pfund Fleisch, das dazu erforderliche Gemüse und Brod, sowie ½ Flasche Wein;

des Abends: einen Imbiß nebst 1 Seidel Bier,

und außerdem täglich 8 Stück Cigarren. Die Speisen müssen ausreichend sein und den Mann hinlänglich sättigen. Ueberall da, wo die Verpflegung der Truppen nicht durch die bequartierten Wirthe erfolgt, wie beispielsweise bei Bivouacs, oder auch da, wo die bequartierten Wirthe nicht im Stande sind, den Mannschaften die Verpflegung nach obigen Sätzen selbst zu gewähren, besteht die dem Soldaten compettrende Portion, welche von den Truppencommandeuren durch die Ortsvorstände im Wege der Requisition zu beschaffen ist, aus folgenden Sätzen:

1 Pfund 28 Loth Brod;
1 „ frisches Fleisch oder
½ „ geräucherten Speck;
6 Loth Reis oder
7½ „ Graupen oder
15 „ Hülsenfrüchte (Erbsen, Bohnen, Linsen)
oder
3 Pfund Kartoffeln;
1 Loth gebrannten Kaffee;
1½ Loth Salz;
½ Flasche Wein und 1 Seidel Bier, resp. für Offiziere ꝛc. 1 Flasche Wein, 8 Cigarren.

Die Cigarren werden überall nicht von den Wirthen oder Communal-Vorständen, sondern lediglich aus dem von der Feld-Intendantur der Main-Armee in Frankfurt zu errichtenden Requisitions-Magazin entnommen. Für die in Kurhessen einquartierten Offiziere und Mannschaften der Main-Armee wird auch der Wein — im Gegensatz zu den auf anderem feindlichen Gebiet liegenden Truppen — nicht von den Wirthen oder Ortsbehörden hergegeben, sondern aus dem Requisitions-Magazin in Frankfurt empfangen.

Die Fourage-Ration, welche bis auf Weiteres aus den Magazinen zu Frankfurt, Hanau und Aschaffenburg zu empfangen ist, bleibt allgemein wie folgt festgesetzt:

12 Pfund Hafer,
5 Pfund Heu und
7 Pfund Stroh.

Ueber die empfangene Verpflegung jeder Art wird von den Truppen Quittung ertheilt und zwar bei der Verpflegung durch die Quartierwirthe, resp. betreffs der vorangedeuteten Requisitionen durch die Truppen-Commandeure an die Ortsbehörden und bei der Verabreichung der Fourage resp. des Weines und der Cigarren aus Magazinen an die Magazinverwalter, wobei bemerkt wird, daß die Quittungen mit deutlicher Unterschrift und dazu gesetztem Charakter zu versehen sind.

Hauptquartier Frankfurt, den 17. Juli 1866.
Der Oberbefehlshaber der Main-Armee
von Falckenstein,
General der Infanterie."

„Mit Hinweis auf meine Bekanntmachung vom 16. dieses Monats — der zufolge ich zur Zeit die Regierungsgewalt über das Herzogthum Nassau, die Stadt Frankfurt mit deren Gebiet, sowie über die von mir occupirten Landestheile des Königreichs Bayern und des Großherzogthums Hessen übernommen — bestimme ich hiermit, daß mit dem heutigen Tage gegen sämmtliche Einwohner der genannten Landestheile, sowie gegen alle sich in denselben aufhaltenden Fremden, welche den Preußischen Truppen durch eine verrätherische Handlung Gefahr oder Nachtheil bereiten, der in den preußischen Gesetzen vorgesehene außerordentliche Militärgerichtsstand in Kriegszeiten in Kraft tritt.

Hauptquartier Frankfurt a. M. den 17. Juli 1866.
Der commandirende General der Mainarmee
von Falckenstein."

Am 18. Juli richtete General von Falckenstein folgende Note an die Senatoren Fellner und Dr. Müller:

Frankfurt, den 18. Juli 1866.
Ober-Commando
der
Main-Armee

An
die Herren Senator Fellner und Müller
Hochwohlgeboren
hierselbst.

Da die Armeen im Kriege angewiesen sind sich ihren Unterhalt in Feindesland zu sichern, so bestimme ich, daß für die mir untergebene Main-Armee die Stadt Frankfurt Folgendes zu liefern hat:

1) Dieselbe hat für jeden Soldaten meiner Armee ein Paar Stiefel nach der zu gebenden Probe zu verabreichen.

2) Zur Ergänzung der bedeutenden Verluste an guten Reitpferden hat die Stadt Frankfurt 300 gut gerittene Reitpferde zu liefern.

3) Die Löhnung für die mir untergebene Armee auf ein Jahr ist von der Stadt Frankfurt disponibel zu stellen, um sofort an die Feld-Kriegs-Kasse abgeliefert zu werden.

4) Dagegen soll die Stadt Frankfurt, mit Ausnahme von Cigarren, von jeder andern Natural-Lieferung befreit sein und werde ich auch die Einquartierungslast auf das Nothwendigste beschränken.

5) Ueberbringer dieses, Feld-Intendant Großmann, ist von mir beauftragt, sich über die Ausführung der vorstehenden Punkte mit Ew. Hochwohlgeboren des Näheren zu benehmen.

Der Oberbefehlshaber der Main-Armee
(gez.) von Falckenstein,
General der Infanterie.

Die als Sold der Main-Armee geforderte Summe betrug 5,747,008 fl. 45 kr. Dieselbe wurde am 19. Juli von der Frankfurter Bank an das Obercommando ausgezahlt.

Wir haben bereits erwähnt, daß der ältere Bürgermeister Senator Fellner und Senator und Syndicus Dr. Müller von dem General Freiherrn von Falckenstein zu Regierungsbevollmächtigten ernannt wurden. Sie zeigten dieß in folgendem Circular sämmtlichen Gerichts- und Verwaltungsstellen an:

„Die Unterzeichneten geben hiermit sämmtlichen Gerichts- und Verwaltungsstellen davon Kenntniß, daß sie von dem Königl. Preuß. commandirenden General der Main-Armee Herrn General der Infanterie Freiherrn Vogel von Falckenstein, nach Auflösung der oberen Staatsbehörden, zu Bevollmächtigten für die Regierung der Stadt Frankfurt ernannt worden sind.

Sämmtliche Berichte sind fortan an

„die Regierung der Stadt Frankfurt"

zu richten und bei der Stadt-Kanzlei in bisheriger Form einzureichen.

Frankfurt a. M., den 18. Juli 1866.

(gez.) Fellner. (gez.) Müller.

In Folge dessen erschien folgende Bekanntmachung:

„Aus Auftrag der von dem Königlich Preußischen commandirenden General der Main-Armee Herrn General der Infanterie Freiherrn Vogel von Falckenstein, Excellenz, zu Bevollmächtigten für die Regierung der Stadt Frankfurt ernannten Herren Bürgermeister Senator Fellner und Senator und Synd. Dr. Müller wird hiemit zur öffentlichen Kenntniß gebracht, daß sämmtliche Vorstellungen in städtischen Angelegenheiten fernerhin an

„die Regierung der Stadt Frankfurt"

zu richten und bei unterzeichneter Stelle in der bisher üblichen Form einzureichen sind.

Frankfurt a. M., den 18. Juli 1866.

Stadt-Kanzlei."

An demselben Tage erfolgten folgende Verordnungen:

„Auf Befehl der K. Preußischen Commandantur dahier sind täglich bis Morgens 8 Uhr die Verzeichnisse sämmtlicher hier in den Gasthöfen und in den Privatwohnungen eintreffenden Fremden an das Polizeiamt dahier abzuliefern.

Frankfurt a. M., 18. Juli 1866.

Die Königl. Preußische Commandantur
von Wrangel."

„Auf Befehl der Commandantur müssen alle öffentlichen Wirthshäuser, Kaffee's, Schenklokale ꝛc. um 10 Uhr Abends geschlossen sein.

Frankfurt a. M, 18. Juli 1866.

Die Königl. Preußische Commandantur
von Wrangel."

Am 19. Juli Nachmittags waren die Vorstände der in Frankfurt, in Bornheim, Ober- und Niederrad bestehenden Schützen-, Wehr- und Turnvereine, der Jugendwehr, des Neuen Bürgervereins, des

Sachsenhäuser Bürgervereins und des Arbeiterbildungvereins vor die Commandantur geladen, wo ihnen eröffnet wurde, daß sie als Corporation aufgelöst seien, dagegen sich nach wie vor in ihren eigenen Localen gesellig versammeln könnten, sobald hierbei keine politische Handlung vorgenommen werde. Denjenigen Vereinen, welche sich in der Handhabung der Waffen übten, wurde aufgegeben, diese bis zum 20. Juli Abends 6 Uhr in der Dominikanerkaserne abzuliefern. Schließlich richtete Herr General v. Wrangel an die Erschienenen einige freundliche Worte über die Nothwendigkeit der ergriffenen Maßregel und die gegenwärtige Lage überhaupt.

Am selben Tage fand die Entwaffnung des Linienbataillons statt. Die „Frankfurter Nachrichten" schreiben hierüber: „Donnerstag, den 19. Juli Vormittags vor 10 Uhr stand das Bataillon zu 6 Compagnieen in der Stärke von über 800 Mann in Carré im Hofe der Klosterkaserne. Um 10 Uhr erschien der k. preußische Oberst v. b. Goltz, Commandeur des 19. Infanterie=Regiments, mit 2 Ab= jutanten und der Militärcommandant des Frankfurter Linienbatail= lons, Herr Oberstlieutenant Böing. Die Tamboure schlugen „zur Publikation", das Bataillon präsentirte. Oberstlieutenant Böing ver= las einen Tagesbefehl, wornach das Bataillon auf Befehl des com= mandirenden Generals der Mainarmee, Sr. Excellenz, Herrn Frei= herrn Vogel von Falckenstein für aufgelöst erklärt werde. Oberst= lieutenant Böing ermahnte das Bataillon, die Mannschaft solle die gute Disciplin und Mannszucht bis zum letzten Augenblick bewahren, sie solle in Anbetracht nehmen, daß von Seiten des Offiziercorps väterlich für sie gesorgt wurde. Diejenigen, welche unter einem halben Jahre gedient, erhielten 50 fl., jedoch mit Abgabe des Man= tels, Pantalons und Waffenrock beizubehalten, die über 6 Monate Dienenden 150 fl., jene über ein Jahr 250 fl. Hierauf wurden compagnieweise die Gewehre nebst Armatur in Gegenwart des Ober= sten von der Goltz ins Zeughaus abgegeben. Mittags 2 Uhr wurden die Mannschaften durch die Compagniebefehlshaber nach oben ge= nanntem Modus ausbezahlt. —

Vom 19. Juli batirt folgende Bekanntmachung:

„Auf Befehl Seiner Excellenz des Königl. Preußischen commandirenden Generals der Main=Armee Herrn General der Infanterie Freiherrn von Falckenstein sind morgen früh den 20. d. M., von 7½ Uhr ab sämmtliche Luxus=, Reit= und Wagenpferde des hiesigen Stadtbezirks auf dem hiesigen

Exerzierplatz (Grindbrunnenwiese) zur Musterung vorzuführen und werden deren Besitzer aufgefordert, bei Meidung einer Geldstrafe von 100 Thlr. für jedes einzelne nicht gestellte Pferd, diesem Befehl unweigerlich nachzukommen.
Frankfurt a. M., den 19. Juli 1866.
Die Regierungsbevollmächtigten
Fellner. Müller."

Am Donnerstag den 19. Juli erschien das Intelligenzblatt mit dem Amtsblatt zum letzten Male unter dem Titel eines Organes „der freien Stadt Frankfurt", vom 20. Juli (Nro. 169) ab heißt es „der Stadt Frankfurt a. M."

An diesem Tage erließ der abberufene und zum Gouverneur von Böhmen ernannte General von Falckenstein folgende Ansprache an die Truppen:

„Soldaten der Main-Armee! Am 14. d. M. haben wir bei Aschaffenburg den zweiten Abschnitt unserer Aufgabe erfüllt. Mit diesem Tage ist das rechte Mainufer, so weit unser Arm reichte, vom Feinde gesäubert worden. Bevor wir zu neuen Thaten übergehen, drängt es mich, Euch Allen meine Anerkennung auszusprechen für die Freudigkeit, mit der Ihr die enormen Strapazen dieser Zeit ertragen habt, die unvermeidlich waren für unser Gelingen. Doch das ist es nicht allein, was ich zu loben habe. Eure Tapferkeit ist es und der Ungestüm, mit welchem Ihr Euch in sechs größeren und vielen kleineren Gefechten auf den Feind warfet, jedesmal den Sieg an eure Fahnen knüpftet und Tausende unserer Feinde zu Gefangenen machtet. Ihr schlugt in zwei glänzenden Gefechten am 4. d. M. die Bayern bei Wiesenthal und Zelle, überstiegt das Rhöngebirge, um am 10. abermals die bayerischen Truppen, und zwar an vier Punkten zugleich, über die Saale zu werfen, bei Hammelburg, in Kissingen, bei Hausen und bei Waldaschach; überall waret Ihr Sieger, und schon am dritten Tage nach der blutigen Einnahme von Kissingen hatte dieselbe Division den Spessart überschritten, um nunmehr das 8. Bundescorps zu bekämpfen. Der Sieg der 13. Division über die Darmstädter Division bei Laufach am 13. und die Erstürmung der von den vereinten Bundestruppen, also auch von den Oesterreichern vertheidigten Stadt Aschaffenburg am 14. waren der Lohn ihrer Anstrengungen und ihrer Tapferkeit. Am 16. schon wurde Frankfurt von ihr besetzt. Ich bin verpflichtet, dieser Division meinen besonderen Dank auszusprechen. Begünstigt, meist an der Tête des Corps und somit der Erste an dem Feind zu sein, war sie sich dieser ehrenvollen Stellung bewußt, was ihr tapferer Führer mit Intelligenz und Energie auszubeuten verstand.

Hauptquartier Frankfurt, 19. Juli 1866.
Der Oberbefehlshaber der Main-Armee
v. Falckenstein."

An seine Stelle trat General von Manteuffel, commandirender General des 7. Armeecorps und Obercommandant der Main-Armee.

Am 20. Juli wurde folgende Forderung gestellt:

„Zur Sicherstellung der Verpflegung für bivouaquirende preußische Truppen ist auf Befehl Seiner Excellenz des Herrn Oberbefehlshabers der Main-Armee Generallieutenant von Manteuffel sofort ein Magazin hier anzulegen und in folgender Weise zu dotiren:

    15,000 Brode zu 5 Pfd. 18 Loth,
     1480 Centner Schiffszwieback,
      600   „   Rindfleisch in lebenden Häuten,
      800   „   geräucherten Speck,
      450   „   Reiß,
      140   „   Kaffee,
      100   „   Salz,
     5000 „   Hafer.

Der dritte Theil dieser Quantitäten muß bis zum 21: früh, das zweite Drittel bis 21. Abends und der Rest bis 22. Juli in geeigneten Lokalen zu unserer Disposition niedergelegt sein.

Sämmtliche voraufgeführte Bestände, zu deren Verwaltung geeignete Personen zu bestimmen, sind eisern zu unterhalten, Ausgabe davon mithin sofort wieder zu ergänzen!

Frankfurt, den 20. Juli 1866.
                        Feld-Intendantur der Main-Armee
                              (gez.) Rosinsky."

Auf einen Briefbogen geschrieben, ergieng noch folgende weitere Forderung:

        An die Regierungsbevollmächtigten
        Herren Fellner und Dr. Müller,
        Hochwohlgeboren,
                                      hierselbst.

Ew. Hochwohlgeboren werden hierdurch aufgefordert, zu veranlassen, daß eine Kriegscontribution von 25 Millionen Gulden binnen 24 Stunden an die Feldkriegskasse der Main-Armee hier einbezahlt wird.

Hauptquartier Frankfurt a. M., den 20. Juli 1866.
                        Der Oberbefehlshaber der Main-Armee
                                   (gez.) Manteuffel.

In Bezug auf die der Stadt angedrohten Beschießung und Plünderung, lassen wir nachfolgende Correspondenz in französischem Original und deutscher Uebersetzung folgen:

      Note du 21 Juillet 1866 adressée au colonel
                      Kortzfleisch.

Les soussignés chargés des intérêts de leurs nationaux dans le territoire de Francfort ont l'honneur de porter à la connaissance de Mr. le colonel de Kortzfleisch, commandant de la ville

de Francfort, que depuis hier leurs nationaux respectifs se sont
à diverses reprises et en grand nombre présentés chez eux pour
leur faire part de leurs vives inquiétudes, le bruit absurde s'étant
repandu en ville, que si dans un court délai, la somme exigée
par l'autorité militaire vis à vis de la ville n'était pas payée,
celle ci serait bombardée et livrée au pillage. Les soussignés
ayant épuisé tous leurs éfforts pour repousser une assertion aussi
puérile, sollicitent la bienveillante coopération de Mr. le Colonel
pour les mettre à même, le plûtot possible de rassurer leurs
nationaux dont les intérêts souffrent naturellement par suite de
ces ridicules rumeurs.

(Folgen die Unterschriften der russischen, belgischen,
französischen, englischen und spanischen Gesandt=
schaftssecretaire.)

Note vom 21. Juli 1866 an den Obersten Korzfleisch
gerichtet.

Die Unterzeichneten, welche das Interesse ihrer Landsleute in
dem Gebiete der Stadt Frankfurt zu wahren haben, beehren sich den
Herrn Obersten von Korzfleisch in Kenntniß zu setzen, daß seit gestern
ihre betreffenden Landsleute wiederholter Malen und in großer An=
zahl sich bei ihnen eingefunden, um ihnen ihre lebhafte Unruhe zu
bezeugen, wegen des in der Stadt verbreiteten absurden Gerüchts,
daß, wenn nicht in kurzer Frist die von der Militärbehörde gefor=
derte Summe von der Stadt bezahlt wäre, diese beschossen und der
Plünderung preisgegeben würde. Die Unterzeichneten, welche alle
ihre Kräfte erschöpft haben, um eine so kindische Behauptung abzu=
weisen, ersuchen den Herrn Obersten um gütige Mitwirkung, sie so
bald als möglich in den Stand zu setzen, ihre Landsleute, deren In=
teressen natürlich in Folge dieser lächerlichen Gerüchte leiden, zu be=
ruhigen.

(Folgen die Unterschriften der russischen, belgischen,
englischen, spanischen und französischen Gesandt=
schaftssecretaire.)

2. Note adressée au General de Roeder.
22 Juillet au soir.

Les soussignés secrétaires de Légation de Russie, de France,
d'Angleterre, d'Espagne et de Belgique ont adressé en date d'hier

au colonel de Kortzfleisch, commandant de la ville, une note demandant la bienveillante coopération pour calmer les craintes de leurs nationaux au sujet du bombardement et du pillage de la ville.

Les soussignés n'ayant reçu jusqu' à présent que la réponse verbale du colonel que ces craintes n'étaient pas sans fondement, ont l'honneur de s'adresser à S. E. Mr. le Général de Roeder avec la prière de les mettre aussitôt que possible à même de calmer les alarmes de leurs nationaux, alarmes qui ont nécessairement dû s'accroitre à la suite du silence que les soussignés se trouvent dans la nécessité de garder après la réponse verbale du Colonel.

Gezeichnet von den 5 Gesandtschaftssecretairen.

2. Note, gerichtet an den General von Röder.

Die unterzeichneten Secretaire der russischen, französischen, englischen, spanischen und belgischen Gesandtschaft haben unter dem gestrigen Datum an den Obersten von Kortzfleisch, Stadtcommandanten, eine Note gerichtet, worin sie um gütige Mitwirkung ersuchen, ihre Landsleute wegen der Befürchtungen der Beschießung und Plünderung der Stadt zu beruhigen.

Die Unterzeichneten, welche bis hierher nur die mündliche Antwort des Obersten erhalten haben, daß die Befürchtungen nicht unbegründet seien, haben die Ehre sich an Se. Exc. den Herrn General von Röder mit der Bitte zu richten, sie so bald als möglich in den Stand zu setzen, die Unruhe (alarmes) ihrer Landsleute zu beschwichtigen, die Unruhe, die nothwendiger Weise sich in Anbetracht des Schweigens, das die Unterzeichneten nach der mündlichen Antwort des Obersten zu bewahren in die Nothwendigkeit sich versetzt sahen, vergrößern mußte.

Gezeichnet von den 5 Gesandtschaftssecretairen.

Da keine Antwort erfolgte, richteten die genannten Gesandtschaftssecretaire eine gleichförmige telegraphische Depesche an ihre Minister des Auswärtigen, in welchen sie den Sachverhalt kurz angaben und um Instruction baten.

Die der Militärbehörde zur Visirung übergebene Depesche wurde jedoch nicht weiter befördert, auch nicht zurückgegeben und erst spät am 23. Juli erhielten die Absender folgendes Schreiben:

23 Juillet 1866.

Quoique le soussigné en égard au contenu des notes collectifs du 21 et du 22 courant de Mrs. les secrétaires de Légation de Russie, de France, d'Angleterre, d'Espagne et de Belgique ici présents ne se trouve pas dans le cas de leur adresser une réponse officielle et d'entrer avec eux en correspondances, il est néanmoins à même de leur communiquer que leurs nationaux n'auront rien à craindre des mésures qu'il serait eventuellement dans le cas de prendre vis à vis de la ville de Francfort..

gez. R o e d e r,
commandant de la ville.

23. Juli 1866.

Obgleich sich der Unterzeichnete in Anbetracht des Inhalts der Collektivnoten vom 21. und 22. l. M. der hier anwesenden Herren Secretaire der russischen, französischen, englischen, spanischen und belgischen Gesandtschaft, nicht in der Lage befindet eine offizielle Antwort an sie zu richten und mit ihnen in Notenwechsel zu treten, so ist derselbe doch im Stande ihnen mitzutheilen, daß ihre Landsleute nichts von den Maßregeln zu fürchten haben, die in dem eventuellen Falle der Stadt Frankfurt gegenüber getroffen würden.

gez. Röder,
Stadtcommandant.

Nach Stellung genannter Forderung berief der Senat die Chefs der bedeutendsten Frankfurter Handelshäuser zusammen. Diese sprachen sich dahin aus, daß jene Summe nicht zu beschaffen sei. Zugleich wurde eine Deputation von drei Herren ernannt (die Herren C. M. v. Rothschild, Carl Grunelius und G. be Neufville), welche mit Herrn General v. Manteuffel in Communication treten und denselben um Rücknahme dieser Forderung ersuchen sollten. Herr v. Manteuffel war aber hierzu nicht zu bewegen und verharrte auf den gegen die Stadt gerichteten Drohungen. Auf Anfrage eines jener Herren, ob, wenn es möglich gemacht werden könne, die obengenannte Summe zu beschaffen, Herr v. Manteuffel keine weiteren Forderungen mehr stellen werde, gab dieser sein Cavalierwort, von weiteren Forderungen abzustehen; auf die weitere Frage jedoch, ob dann überhaupt keine weiteren Forderungen mehr gestellt würden, erklärte Herr v. Manteuffel, daß er für die Handlungen eines nach ihm kommenden Generals nicht einstehen könne.

Am 21. Juli wurde durch Bekanntmachung angezeigt, daß auf Befehl des Obercommandirenden der Main=Armee der General von Röder das Obercommando in hiesiger Stadt übernommen hat. Gleichzeitig hat am 21. Juli der k. preuß. Oberpostrath Stephan aus Berlin die Oberleitung der gesammten Taxis'schen Postverwaltung, so weit deren Bezirk von Preußen besetzt ist, übernommen. Der bisherige Chef der Taxis'schen Verwaltung, Freiherr v. Schele, ist bis auf Weiteres von seinen Functionen zurückgetreten. Die Beamten des hiesigen Oberpostamts und der General=Postdirection hatten mittelst Reverses der k. preuß. Administration Gehorsam zu geloben.

Am 21. Juli erschienen nachfolgende Bekanntmachungen:

„Der von dem Königlichen Ministerium für die auswärtigen Angelegenheiten mit der vorläufigen Wahrnehmung der Functionen eines Königlichen Civil=Commissärs beauftragte Herr Landrath v. Diest wird hierdurch von mir bevollmächtigt, die Administration der Gebiete des Herzogthums Nassau, der Stadt Frankfurt und der occupirten Theile des Königreichs Bayern und des Großherzogthums Hessen zu übernehmen.

Sämmtliche Militär= und Civil=Behörden werden angewiesen, den Requisitionen des Herrn Civil=Commissärs, Landrath v. Diest, Folge zu leisten.

Frankfurt a. M., den 21. Juli 1866.

Der General=Lieutenant, General=Adjutant Seiner Majestät des Königs und Oberbefehlshaber der Main=Armee

Manteuffel."

„Auf Befehl des Obercommandos der Main=Armee ist die Schließung des telegraphischen Privatverkehrs für Nassau und andere noch zu occupirende Landestheile angeordnet, welche Maßregel hiermit zur öffentlichen Kenntniß gebracht wird.

Frankfurt a. M., den 21. Juli 1866.

Königl. Preuß Commandantur

gez. von Wrangel."

Nach erfolgter Occupation der Stadt durch die preußischen Truppen war der Senat (desgleichen auch die beiden anderen Staatskörperschaften) aufgelöst und erst einige Tage später mit beschränkter Competenz reconstituirt worden.

Folgendes hierauf bezügliches Schreiben des Senats d. d. 17. Juli wurde der gesetzgebenden Versammlung in ihrer Sitzung vom 23. Juli vom Präsidium mitgetheilt:

„Der Senat theilt dem Herrn Präsidenten der gesetzgebenden Versammlung das Nachfolgende mit: Nachdem gestern die Stadt durch königl. preußische Truppen besetzt worden war, wurden heute zwei Mitglieder des Senates, nämlich der ältere Bürgermeister Senator Fellner und Senator und Syndicus Dr. Müller, zu dem Commandirenden des hier und in der Umgegend stehenden königl. preußischen Armeecorps beschieden und erhielten von demselben die Eröffnung, daß der Senat und die beiden anderen Staats=körperschaften aufgelöst und außer Thätigkeit gesetzt seien, daß die Regierungsgewalt nunmehr bei dem Militärcommando stehe, und daß von diesem die beiden vorbenannten Mitglieder des Senats aufgefordert würden, das Ministerium der Vermittlung zwischen ihm und der Stadt Frankfurt zu übernehmen. Der Senat, nachdem er von diesem Vorgange Kenntniß erhalten, hat die beiden Herren aus seiner Mitte ersucht, das angesonnene Amt im Interesse des Gemeinwesens zu übernehmen, und es ist ihm gelungen, lebhaftes Bedenken und Widerstreben endlich zu beseitigen. Der Senat vertröstet sich, daß der trüben Zeit eine bessere, glücklichere folgen werde, und schließt, in diesem Vertrauen, zeitweise seine Thätigkeit mit der gegenwärtigen Mittheilnng."

Der am 22. Juli unterzeichnete Revers des Senates, oder vielmehr die denselben enthaltende protokollarische Verhandlung lautete:

„Verhandelt, Frankfurt am 22. Juli 1866. Anwesend waren die Herren Fellner, älterer Bürgermeister, Forsboom, jüngerer Bürgermeister, Dr. Müller, Dr. Gwinner, Dr. v. Schweitzer, Dr. Reuß, Kloos, Dr. v. Oven, Dr. Jäger, Dr. Supf, Dr. Textor, Schöffer, Dr. Mumm, Dr. Berg, Finger, Kalb.

Die Mitglieder des bisherigen Senats der Stadt Frankfurt a. M. wurden von dem Unterzeichneten heute zusammengerufen, um in Folge des Antrags der beiden Regierungsbevollmächtigten, Herren Fellner und Müller, vom heutigen Tage zunächst zu folgender Erklärung aufgefordert zu werden:

„„Wir wissen, daß der Senat der Stadt Frankfurt, so weit er bisher die landesherrliche und souveräne Gewalt ausgeübt hat, von dem k. preußischen Oberbefehlshaber aufgelöst worden ist, und daß eben so ein Zusammentreten der ständigen Bürger=Repräsentation und der gesetzgebenden Versammlung zur Vornahme landesherrlicher Acte nicht mehr gestattet ist, indem alle landesherrlichen Befugnisse und die gesammte souveräne Gewalt von Sr. Maj. dem Könige von Preußen durch die von ihm eingesetzten oder noch einzusetzenden Militär= und Civilorgane bis auf Weiteres ausgeübt wird. Wir erklären hiermit auf Grund unseres Amtseides, daß wir keinerlei landesherrliche Befugnisse auszuüben gesonnen sind, noch auszuüben versuchen werden, nachdem uns eröffnet worden ist, daß mit den strengsten persönlichen Exekutiv=strafen im Falle der geringsten Zuwiderhandlung gegen einen Jeden von uns vorgegangen werden würde. Wir erklären uns ferner auf Grund unseres Amtseides bereit, unsere bisherigen Pflichten und Amtsgeschäfte als Mitglieder der städtischen Verwaltungs= resp. Magistratsbehörde im Interesse der Stadt selbst fortzuführen, hierbei allen Anordnungen der k. preußischen Administration unweigerlich Folge zu leisten, wie auch nichts vorzunehmen, noch zu gestatten, was den Interessen dieser Administration zuwiderläuft.""

Nachdem die sämmtlichen Mitglieder des bisherigen Senats, nunmehrigen Magistrats der Stadt Frankfurt und des Gebiets derselben die vorstehende Erklärung zu der ihrigen gemacht hatten und ihnen dabei zugesichert worden war, daß sie bei pflichtgemäßer Ausführung ihrer Amtsgeschäfte in der vorstehend ausgeführten Beschränkung nicht nur ihre bisherigen Competenzen fortbeziehen, sondern auch des Schutzes der k. preußischen Administration theilhaftig werden würden, wurden sämmtliche Anwesende daraufhin mittelst Handschlages an Eidesstatt von dem Unterzeichneten verpflichtet und es wurde diese Verhandlung als Anerkenntniß des Geschehenen unterschrieben. Die sämmtlichen städtischen Behörden und Unterbeamten werden von ihren betreffenden Herren Vorgesetzten in gleicher Weise sofort verpflichtet werden und es wird von jedem etwaigen Weigerungsfalle der königl. preußischen Administration Anzeige gemacht werden, wie auch der betreffende sich weigernde Beamte sofort von der städtischen Behörde suspendirt werden wird.

v. Diest, königl. Landrath und Civilkommissär."

(Folgen die Unterschriften der oben genannten Senatsmitglieder.)

Nur die Namen der Senatoren Frhr. v. Bernus und Dr. jur. Speltz stehen nicht darunter.

Am 23. Juli richtete Herr General von Röder an die beiden Bevollmächtigten Fellner und Dr. Müller eine Aufforderung folgenden ungefähren Inhalts:

„Ich ersuche Sie, dafür Sorge zu tragen, daß ich morgen Vormittag spätestens 10 Uhr im Besitz einer Liste der Namen sämmtlicher Mitglieder des Senats, der ständigen Bürger-Repräsentation und der gesetzgebenden Versammlung unter Angabe der Wohnungen derselben, sowie einer Mittheilung bin, wer von denselben Hausbesitzer ist."

In Bezug auf die Kriegscontribution von 25 Millionen Gulden berief der ehemalige Senat die ständige Bürgerrepräsentation und den gesetzgebenden Körper. Der Protokollauszug des nunmehrigen Magistrats ist folgenden Inhalts:

„Auszug Protokolls des Magistrats der Stadt Frankfurt. Frankfurt, den 23. Juli 1866. Auf Vorlage Schreibens Hohen Obercommandos der Main-Armee, de prs. 20. b. Mts., Einbezahlung einer Kriegscontribution von fünfundzwanzig Millionen Gulden betr. Es ist, unter Mittheilung salva remiss. dieses Schreibens, mit der ständigen Bürger-Repräsentation, welche zur Berathung dieses Gegenstandes zusammenberufen ist, dahin in Conferenz zu treten, daß zur Leistung einer Anzahlung von fünf Millionen Gulden auf die ausgeschriebene Kriegscontribution der gleiche Betrag anlehensweise aufgenommen werde. Es wird dabei bemerkt, daß durch bereits erfolgte Baarzahlung und in gleicher Weise gebotene Erfüllung von Requisitionen der umfassendsten und bedeutendsten Art sehr beträchtliche Opfer hiesiger Stadt bisher schon auferlegt worden sind, und daß darum der Hoffnung wird Raum gegeben werden können, es werde mit der gegenwärtig beantragten Zahlung das Maß der Leiden, welche über unsere friedliche, an einem Kriege überall nicht betheiligte Stadt gekommen, erschöpft sein, oder es werde wenigstens weiterem Bemühen gelingen, die gesammte Anforderung in der Weise zu mindern, daß die Stadt vor eigentlichem Verderben bewahrt bleibt. Vorsorglich bleibt weitere Conferenz vorbehalten und ist Einleitung getroffen, daß der Central-Finanz-Commission Gelegenheit gegeben werde, rücksichtlich dessen, was bei der Lage der Verhältnisse vorzukehren sein dürfte, namentlich also zur Beschaffung der Mittel zur Erstattung des gegenwärtigen Angebots und der vorausgegangenen Aufwendungen beförderten Vorschlag zu machen. 2) Wird die Central-Finanz-Commission aufgefordert, rücksichtlich dessen, was bei Lage der Verhältnisse vorzukehren sein dürfte, namentlich also zur Beschaffung der Mittel zur Erstattung des gegenwärtigen Angebots und der vorausgegangenen Aufwendungen beförderten Vorschlag zu machen und haben zu dem Ende die Militär-Verpflegungs- und die Einquartierungs-Commission, sowie das Rechnei-Amt der Central-Finanz-Commission die erforderlichen Aufstellungen mit thunlichster Beförderung zugehen zu lassen. Zur Beglaubigung: Der Kanzleirath Dr. v. Boltog.

Ein Schreiben des älteren Bürgermeisters Senators Fellner vom 23. Juli an die gesetzgebende Versammlung denselben Gegenstand betreffend lautete folgendermaßen:

„Wie aus den anliegenden Schriftstücken ersichtlich ist, wird der Stadt Frankfurt die Zahlung einer Kriegscontribution, zahlbar an die Feld-Kriegskasse der Main-Armee, im Betrage von fl. 25,000,000 auferlegt. Wie diese Angelegenheit diesseits aufgefaßt wird, und welche Vorschläge zu einer Vermittlung empfohlen werden und zwar dringend empfohlen werden, ergibt sich aus dem Beschlusse, durch welchen die Conferenz mit der ad hoc zusammen berufenen ständigen Bürger-Repräsentation eingeleitet worden ist. Im Interesse des gefährdeten Gemeinwesens und in sorgfältiger Erwägung aller einschlagenden Verhältnisse wird derselbe Antrag vertrauensvoll an die gleichfalls ad hoc zusammenberufene gesetzgebende Versammlung gebracht, welche von selbst es angemessen finden wird, die Verhandlungen bei verschlossenen Thüren zu führen."

Beide Körperschaften lehnten die Forderung ab. Wir fügen hier das darauf bezügliche Aktenstück des gesetzgebenden Körpers bei.

„Seiner Hochwohlgeboren
dem Herrn Bürgermeister Fellner.

Die gesetzgebende Versammlung hat nach sorgfältiger Prüfung der finanziellen Verhältnisse unserer Stadt die Unmöglichkeit erkannt, nachdem eine Contribution von 6 Millionen bereits bezahlt ist und Naturallieferungen im Betrage von 2 Millionen geleistet sind, die verlangte weitere Contribution aufzubringen, auch wenn sie davon absehen will, daß die nachherige Beschaffung der jährlichen Zinsen der Schuldsumme durch Steuererhöhung rein unausführbar, zumal schon durch die allgemeine Zerrüttung des Handels und der Gewerbe und durch das Sinken aller Werthe die Steuerkraft und Leistungsfähigkeit von Frankfurt auf das Aeußerste abgeschwächt, Frankfurt somit direkt dem Untergang verfallen seyn würde.

Sie ist andererseits der Ueberzeugung, daß bei der bekannten Großmuth und dem Gerechtigkeitssinn Sr. Maj. des Königs von Preußen Allerhöchst= derselbe die der Sachlage entsprechende Aenderung eintreten lassen werde, so= bald die Verhältnisse in bestimmten Zahlen klar dargelegt sind.

Die gesetzgebende Versammlung hat demnach einen Ausschuß ernannt, welcher sofort ein kurzes Promemoria der finanziellen Lage Frankfurts ab= fassen soll, sie beabsichtigt, dasselbe Sr. Majestät dem König durch eine bür= gerliche Deputation, welche alsbald nach dem Hauptquartier Sr. Majestät abreisen soll, ehrerbietigst überreichen zu lassen und sieht der Entschließung des Königs vertrauensvoll entgegen, sie ersucht Euer Hochwohlgeboren, für diese Deputation die nöthige Reiseermächtigung zu erbitten.

Frankfurt a. M., den 23. Juli 1866.
Hochachtungsvoll
Dr. G. J. Jung.

Zu Mitgliedern der in Aussicht genommenen Deputation er= wählte die Versammlung die Herren Alexander Scharff, Dr. Schmidt= Holzmann und Dr. med. Varrentrapp mit der Ermächtigung, sich nach ihrem Ermessen geeigneter Weise zu verstärken, was denn auch durch den Beitritt des Herrn Baron Majer Carl von Rothschild geschah.

Es erfolgte hierauf folgende Bekanntmachung:

„Nachdem die Stadt Frankfurt die Zahlung der von Seiner Majestät dem Könige auferlegten Kriegs=Contribution verweigert hat, werden als erste Exekutivmaßregel die Mitglieder der städtischen Körperschaften mit starker Einquartierung belegt, deren Repartition auf die einzelnen davon Betroffenen nach den Vorschlägen der städtischen Einquartierungs=Commission erfolgt.

Frankfurt a. M., den 24. Juli 1866.
Der Commandant
von Röder,
Königlicher General=Major."

Ueber diese Kriegssteuer brachte der preußische „Staats=Anzeiger" eine Rechtfertigung. Die darin geltend gemachten Gründe sind folgende: „Systematische Feindseligkeiten der Frankfurter Regierung gegen Preu= ßen, Duldung von Majestätsbeleidigung gegen den König in der Frankfurter Presse, Verletzung der Verträge, Schädigung preußischen Eigenthums und Betheiligung am Kriege der österreichischen Coalition gegen Preußen."

Eine andere gleichzeitige Bekanntmachung sollte die Bürgerschaft hinsichtlich der Ueberlastung der Einquartierung beruhigen; sie lautete:

„Zur gerechten Vertheilung der Einquartierung ist eine aus militärischen und städtischen Mitgliedern bestehende Einquartierungs-Commission ernannt worden, deren Militär-Präses der Major v. Restorff und Civil-Präses der Senator Dr. Mumm ist.

Die Commission hat ihren Sitz Buchgasse Nr. 1. An dieselbe sind alle etwaigen Klagen und Beschwerden, namentlich auch über eine nicht verhältnißmäßige Vertheilung der Einquartierung zu richten.

Frankfurt a. M., den 24. Juli 1866.

Der Commandant
von Röder,
Königlicher General-Major."

Am 25. Juli wurde den Herren Gustav de Neufville, Gustav Scherbius, Adolf Grunelius und Phil. Petsch, welche als Deputation der Handelskammer sich zu Herrn General v. Röder verfügt hatten, mitgetheilt, er habe von dem Herrn Ministerpräsidenten ein Telegramm empfangen, welches, aus dem Gedächtniß sofort niedergeschrieben und in einem Protokoll der Handelskammer für deren Mitglieder niedergelegt, also lautete:

Da die bisherigen Zwangsmaßregeln nichts gefruchtet hätten, so habe der General v. Röder unverzüglich zu folgenden weiteren Zwangsmaßregeln zu schreiten:

1) Schließung des gesammten Post-, Eisenbahn- und Telegraphen-Verkehrs;
2) Schließung aller öffentlichen Lokale und Wirthschaften;
3) Absperrung der Stadt für Menschen und Waaren.

Dasselbe wurde auch von anderer Seite der Commission des gesetzgebenden Körpers mitgetheilt und dabei bemerkt, man hätte dem Herrn General v. Röder vorgestellt, daß durch jene Maßregeln, namentlich durch die dritte, auch Frauen, Kranke und Kinder leiden müßten; allein Herr General v. Röder habe nur mit den Achseln gezuckt. Auf weiteres Befragen, in welchen Zwischenräumen jene einzelnen Maßregeln nacheinander verhängt werden sollten, habe er erklärt, das hinge von seinem Ermessen ab. Am 24. Juli richtete Senator Freiherr von Bernus von Heidelberg aus folgende telegraphische Depesche an den französischen Minister Hrn. Drouyn de Lhuys, an den russischen Minister Prinzen Gortschakoff und an Lord Stanley:

„On persiste à faire payer à la ville de Francfort 25 Millions de florins, outre les 6 Millions déjà versés et en sus de

2 Millions de denrées et des chevaux déjà fournis aux troupes prussiennes et de toutes sortes d'autres réquisitions.

Le sénat et les autres corps municipaux de Francfort s'étant réunis pour adresser une pétition à Sa Majesté le roi de Prusse et ayant choisi M. de Rothschild et deux autres citoyens de considération pour la remettre en personne à Sa Majesté, le commissaire civil prussien a refusé la permission nécessaire.

Le bourgmestre Fellner que le général de Falckenstein avait choisi pour un des commissaires de la ville, s'est pendu de désespoir à cause de la manière dont on avait agi vis à vis de la ville et de lui.

On s'est fait donner une liste de tous les membres du Sénat et des corps municipaux ainsi qu'un état de leur fortune mobilière probablement dans le but de les rendre responsables du paiement des 25 millions de florins.

Tous les banquiers, ensuite de ces messures, se sont réunis, en déclarant qu'en cas de violence de ce genre, ils suspendraient tous leurs paiement en allemagne et à l'Etranger.

Les Prussiens qui habitent Francfort ont envoyé une députation au commissaire civil prussien pour plaider la cause de la Ville et exprimer leur indignation.

Je ne fais que remplir un devoir sacré, en communiquant ces nouvelles à Votre Excellence et en la priant, au nom de l'humanité, de vouloir plaider auprès de S. M. la cause de la malheurese Ville de Francfort   Signé B e r n u s.

Bahnhof Heidelberg le 24 Juillet 1866.

Am 25. Juli reiste die Deputation in das Hauptquartier Sr. Majestät des Königs von Preußen, um für den Erlaß der verlangten weiteren Contribution von 25 Millionen zu petitioniren.

Unterdessen hatte die Bevölkerung eine erschütternde Kunde erreicht. Am Morgen des 24. drang die Nachricht durch die Stadt, daß der bisherige ältere Bürgermeister für das Jahr 1866, Herr Senator C. C. v. F e l l n e r (geb. den 24. Juli 1807) Hand an sein Leben gelegt und am Morgen todt in seinem Zimmer gefunden worden war. Das über die Stadt gekommene Geschick hatte ihn zu dieser That getrieben. Am 26. fand die Beerdigung* unter außer-

---

* Auf Requisition der Militärbehörde wurde das Begräbniß innerhalb

ordentlich großer Betheiligung des Publikums statt. Am Grabe sprach Herr Consistorialrath Dr. Kirchner Worte des Friedens, worauf der Schwager des Hingeschiedenen, Herr Appellationsgerichts= rath Dr. Kugler, den Dank der Familie für die allseitige Theil= nahme an dem Trauerfall ausdrückte. Der Liederkranz ließ Trauer= choräle ertönen und die Zahl der Kränze und Ehrenzeichen, die dem hingeschiedenen Biedermann gewidmet wurden, bewies, wie tief man den Verlust fühlt, welchen das Gemeinwesen durch seinen Tod er= litten hat. — Der letzte regierende Bürgermeister, welcher im Ver= laufe seines Regierungsjahres mit Tod abging, war der am 1. No= vember 1838 verstorbene Schöff und Syndicus Dr. J. G. E. Tho= mas, welcher am 4. November auf dem Sachsenhäuser Friedhof be= erdigt wurde. 110 Jahre vorher hatte der Tod ebenfalls einen äl= teren regierenden Bürgermeister überrascht. Es war dies der Patri= zier Joh. Daniel Fleischbein von Kleeberg, der am 1. September 1728 starb. (Frankf. Nachr. Nr. 86 vom 27. Juli.)

Am 27. Juli übernahm auf Ersuchen des Senats Herr Se= nator und Syndicus Dr. Müller den Vorsitz und die Leitung der Geschäfte. Ueber die Reorganisation der Behörde schreibt das In= telligenzblatt (Frankf. Nachr. Nr. 86 vom 27. Juli): Ueber die stattgefundene Reconstituirung der hiesigen Behörden begegnet man im Publikum vielfachen Mißverständnissen. Der Senat ist aller= dings in seiner bisherigen Zusammensetzung ebenso wie die gesetz= gebende Versammlung und das 51er=Colleg reconstituirt, jedoch mit der Beschränkung, daß alle Souveränetätsrechte fallen, der bisherige Senat fernerhin gleichsam nur als städtischer Magistrat, der gesetz= gebende Körper als Stadtverordnetenversammlung einstweilen fort= dauern. Die Senatsmitglieder sowie die Beamten sind unter diesen Voraussetzungen mittelst Handschlages an Eidesstatt zum Gehorsam gegen die preußische Verwaltung verpflichtet.

Der jüngere Bürgermeister hatte unterdessen folgendes Schreiben d. d. 26. Juli an den Präsidenten der gesetzgebenden Versammlung ergehen lassen:

„Der Unterzeichnete ersucht Sie hiermit, die gesetzgebende Versammlung

---

der gesetzlich bestehenden Beerdigungsstunden untersagt und die Beerdigung auf 5 Uhr Morgens bestimmt unter dem ausdrücklichen Vermerk, daß der Frankfurter Polizeibehörde alle Verantwortlichkeit für die ungestörte Ruhe während des Begräbnißzugs zur Last falle.

zur weiteren Verhandlung der Contributions-Angelegenheit auf morgen Vormittag 11 Uhr zu einer Sitzung gefälligst einladen zu laffen.

Hochachtungsvoll

Der jüngere Bürgermeister:

Forsboom."

Die der Körperschaft in ihrer Sitzung vom 27. Juli zur Kenntniß gekommene Senatsvorlage, die Kriegscontribution betreffend, lautete:

„In Erfüllung einer nicht abzuweisenden Pflicht, in der Sorge um das hiesige Gemeinwesen, welches bedroht ist von großen und wachsenden Gefahren, wird anduch die Angelegenheit wiederholt zur Erwägung empfohlen, welche mit dem Vortrage vom 23. l. M. an die gesetzgebende Versammlung gebracht worden ist. Wenn eine Hoffnung besteht — und sie besteht — daß an der auferlegten Kriegs-Contribution frühere Leistungen in Abzug gebracht werden dürfen, wenn andererseits eine Gefahr besteht — und sie besteht — daß Maßregeln in Aussicht stehen, durch welche, anderer vorerst nicht zu gedenken, unser gesammtes Verkehrsleben vollkommen gehemmt werden würde, wenn endlich gehofft werden darf, daß bezeigter guter Wille bei weiteren Verhandlungen noch seine guten Früchte tragen werde, so wird die empfohlene Sache bei der gesetzgebenden Versammlung voraussichtlich entgegenkommende Aufnahme finden. Commissarien zu weiterer Auskunft werden anduch und zwar mit der Ueberzeugung angeboten, daß die Mittheilungen derselben die gesetzgebende Versammlung zu Entschließungen veranlassen werden, durch welche der Friede mit seinen Segnungen nicht bloß für unser Gemeinwesen herbeigeführt, vielleicht auch für das Gesammtvaterland gefördert werden kann. Möge die gesetzgebende Versammlung die Lage der Vaterstadt in dem ganzen Ernste derselben würdigen, die Entschließungen derselben werden dann, so hart und schwer auch die Opfer sein mögen, welche angesonnen werden, in der That der Vaterstadt zum Besten gereichen."

Auch diese Vorlage gieng an die bereits erwählte Commission, in welche an Stelle der als Deputation mittlerweile nach Berlin gegangenen Herren A. Scharff, Dr. Schmidt-Holzmann und Dr. Varrentrapp die Herren Dr. Siebert, Fritz Kayßer und Th. Brentano gewählt werden. Zugleich wurde die Commission ermächtigt, sich mit andern Herren, auch mit Nichtmitgliedern der Versammlung, als berathende Theilnehmer zu verstärken. Namens dieser Commission erstattet Hr. Dr. Reinganum in der bis Nachmittags 4 Uhr vertagt gewesenen Sitzung mündlich Bericht, in Folge dessen die Versammlung beschloß, an den Senat die von der Commission vorgeschlagene Zuschrift gelangen zu laffen, welche folgenden Inhalts ist:

„Die gesetzgebende Versammlung eröffnet zuvörderst dem Senat daß sie die in ihrem Beschlusse vom 23. d. Mts. in Aussicht genommene Deputation, bestehend aus den Bürgern Freiherrn Carl von Rothschild, Alex. Scharff, Dr. Schmidt-Holzmann und Dr. G. Varrentrapp, erwählte, welche am 25. d. M. die Reise nach Berlin angetreten hat.

Dem Vortrage des Senats vom heutigen Tage hat die gesetzgebende Versammlung die eingehendste und gewissenhafteste Prüfung gewidmet und wiederholte Ergründungen über die finanzielle Lage der Stadt, über ihre Activen und Passiven, über ihre Steuerkraft und deren möglichste Steigerung, über ihre Leistungsfähigkeit in Baarem und Credit angestellt. Sie hat dabei insbesondere auch den Inhalt einer finanziellen Aufstellung benützt, welche von der genannten bürgerlichen Deputation zum Behufe ihrer an Se. Majestät den König von Preußen zu richtenden Vorstellung ausgearbeitet worden ist.

Alle diese Ermittelungen haben in der gesetzgebenden Versammlung die Ueberzeugung befestigt, daß auch, wenn die bereits bezahlte Contribution von 6 Millionen Gulden an den weiter geforderten 25 Millionen in Abzug gebracht wird, die Entrichtung dieses Restes von 19 Millionen Gulden, sei es in Baarem, sei es im Wege einer Creditoperation eine Sache der Unmöglichkeit ist, sollen nicht unser städtisches Gemeinwesen und dessen Angehörige einem vollständigen Verderben entgegengeführt, und dadurch zugleich die nachtheiligste Rückwirkung auf die Handelsgeschäfte und industriellen Anstalten eines großen Theils von Deutschland hervorgerufen werden.

Die Versammlung hält sich auch die verhängnißschweren Folgen gegenwärtig, welche mit den angedrohten Zwangs- und Exekutionsmaßregeln für die Bürger und Einwohner der Stadt, für ihre Geschäftsfreunde in weiterem Umkreise und für die die Stadt Frankfurt umgebenden kleineren Städte und zahlreichen Dörfer entstehen würden. Gelänge es dem Senate, auf dem Wege der Unterhandlung die Sicherheit zu erzielen, daß durch ein neues, in der Ausführung mögliches Opfer die Anforderungen und Leistungsauflagen abgeschlossen und beendigt werden könnten, so würde die gesetzgebende Versammlung hiefür ihre Mitwirkung gewähren. Sie ersucht den Senat in diesem Sinne nach Kräften zu wirken.

Frankfurt, den 27. Juli 1866.

Hochachtungsvoll

Dr. G. J. Jung."

Am 28. Juli wurde der frühere Senator und Schöff Dr. Müller durch ein Telegramm in das Hauptquartier Nikolsburg berufen. Am 29. Juli kehrte die bürgerliche Deputation, welche abgesandt gewesen war um von dem König von Preußen den Nachlaß der auferlegten zweiten Contribution zu erbitten, von Berlin zurück.

Am 28. Juli finden wir folgende Bekanntmachungen:

„Unter Bezugnahme auf das Publikandum vom 24. d. Mts. mache ich hierdurch bekannt, daß, nachdem Seitens der Königlichen Staatsregierung der Herr Landrath von Mabai zum Civil=Commissär für Frankfurt und dessen Bezirk ernannt worden ist, ich demselben die einstweilen von mir mit= geführte Civil=Verwaltung mit dem heutigen Tage übergeben habe.
Frankfurt a. M., den 28. Juli 1866.
Der Commandant
von Röder, General=Major."

„Mit Bezugnahme auf die vorstehende Bekanntmachung bringe auch ich meinerseits zur öffentlichen Kenntniß, daß ich die Civilverwaltung der Stadt Frankfurt nebst Gebiet Namens der Königlichen Regierung heute übernommen habe und dieselbe unter der Autorität des K. Oberbefehlshabers der Main= Armee führen werde.
Frankfurt a. M., den 28. Juli 1866.
Der Civil=Commissär
von Mabai,
Königlicher Landrath."

„Das Verzeichniß der von der Königlich Preußischen Feldintendantur requirirten Pferde nebst den durch die bestellte Schätzungskommission festgestell= ten Taxationen derselben kann während acht Tagen in den Nachmittags= stunden von 3—5 Uhr von den Betheiligten bei der unterzeichneten Com= mission eingesehen werden.
Frankfurt a. M., den 28. Juli 1866.
Einquartierungs=Commission."

Ferner am 31. Juli:
„Auf Befehl des Oberkommando's der Main=Armee hat die Stadt Frankfurt annoch 122 taugliche Reitpferde zu stellen.
Anerbieten zur Uebernahme dieser Lieferung werden innerhalb der nächsten drei Tage von der unterfertigten Commission entgegengenommen.
Frankfurt a. M., den 31. Juli 1866.
Die Militär=Verpflegungs=Commission."

„Wie zu meiner Kenntniß gelangt ist, besteht bei einzelnen öffentlichen und namentlich bei Cassen von Verkehrsanstalten noch der Mißbrauch, daß das Preußische Papiergeld nur mit Verlust angenommen wird. Dem= zufolge werden sämmtliche Cassen hierdurch angewiesen, das Preußische

Papiergeld und zwar den Thaler fortan zum vollen Werthe von 1 fl. 45 kr. unweigerlich anzunehmen.

Frankfurt a. M., den 31. Juli 1866.

Der Königliche Civil-Commissär
Landrath
von Madai."

Am 1. August:

„Bekanntmachung.

Mittwoch den 1. August c., Vormittags, werden die in den neugebauten Schanzen um Frankfurt befindlichen Nutzhölzer, bestehend in Pallisaden, Ballen, Brettern, Schalen und Stangen in nachstehender Reihenfolge an Ort und Stelle gegen Baarzahlung öffentlich versteigert:
1) um 8 Uhr in der Schanze bei Jechenheim,
2) „ 9 „ „ „ „ „ Bornheim,
3) „ 10 „ „ „ „ an der Friedberger Warte,
4) „ 11 „ „ „ „ am Wege nach Eschersheim,
5) „ 12 „ „ „ „ bei Ginheim,
6) „ 1 „ „ „ „ „ Bockenheim,
7) „ 2 „ „ „ „ „ dem Hellerhof.

Frankfurt a. M., den 29. Juli 1866.

Königl. Preuß. Commandantur."

Am 16. August ließ der König von Preußen dem Berliner Abgeordnetenhaus durch Allerhöchste Botschaft von demselben Tag einen Gesetzentwurf, betreffend die Vereinigung des Königreichs Hannover, des Kurfürstenthums Hessen, des Herzogthums Nassau und der freien Stadt Frankfurt mit der preußischen Monarchie zugehen.* Derselbe lautete:

„Wir Wilhelm von Gottes Gnaden, König von Preußen ꝛc., verordnen, mit Zustimmung beider Häuser des Landtages der Monarchie, was folgt:

§. 1. Wir übernehmen für Uns und Unsere Nachfolger auf Grund des Artikels 55 der Verfassungsurkunde für den preußischen Staat die Regierung über das Königreich Hannover, das Kurfürstenthum Hessen, das Herzogthum Nassau und die freie Stadt Frankfurt.

---

* In den mit Oesterreich nach den entscheidenden preußischen Siegen in Böhmen und Mähren zu Nikolsburg am 26. Juli abgeschlossenen Friedenspräliminarien heißt es in Art. 5:

„Se. Majestät der Kaiser von Oesterreich verspricht, die von Sr. Majestät dem König von Preußen in Norddeutschland herzustellenden neuen Einrichtungen einschließlich der Territorial-Veränderungen anzuerkennen."

Die im August und September abgeschlossenen Friedensschlüsse mit Bayern, Württemberg, Baden und Hessen-Darmstadt führten zu demselben Anerkenntniß.

§. 2. Die definitive Regulirung der Beziehungen dieser Länder zu dem preußischen Staatsgebiete auf Grund des Artikels 2 der Verfassungsurkunde erfolgt mittelst besonderen Gesetzes.

§. 3. Das Staatsministerium wird mit der Ausführung des gegenwärtigen Gesetzes beauftragt.

Urkundlich unter Unserer Höchsteigenhändigen Unterschrift und beigedrucktem Königlichem Insiegel.

Gegeben ꝛc."

Dieser Entwurf wurde am 17. desf. Monats einer besonderen Commission zur Vorberathung überwiesen, welche ihn in einer Reihe von Sitzungen ihrer Prüfung unterzog. Die k. Staatsregierung war bei diesen Berathungen größten Theils durch den Ministerpräsidenten Grafen v. Bismarck und außerdem durch den Geh. Regierungsrath Wagener und den Geh. Legationsrath König vertreten. Die Commission erkannte darin den Beginn eines neuen Abschnitts nationaler Entwickelung und nahm die königl. Botschaft und die Gesetzesvorlage mit hoher Befriedigung auf.

Am 19. August übernahm Frhr. v. Patow* die obere Leitung der Civilverwaltung der Stadt Frankfurt. Derselbe zeigte dies in folgender Bekanntmachung an:

„Nachdem mir von Seiner Majestät dem Könige von Preußen am 11. d. Mts. die obere Leitung der Civilverwaltung in den von den preußischen Truppen besetzten Territorien Nassau, Oberhessen, Frankfurt und Franken unter der Autorität des Ober=Commando's der Main=Armee übertragen worden ist, habe ich meine Wirksamkeit mit dem heutigen Tage begonnen.

Ich bringe Vertrauen und guten Willen mit. — Möge mit gutem Willen und Vertrauen mir von allen Seiten entgegen gekommen werden!

Den Behörden und Bewohnern der gedachten Territorien gegenüber tritt in der Stellung und in den Verhältnissen der bereits ernannten Herren Civil=Commissarien keine Veränderung ein.

Frankfurt a. M., den 19. August 1866.

Der Civil=Gouverneur
Frhr. v. Patow."

In ihrer Sitzung vom 17. August wurde der gesetzgebenden Versammlung durch das Präsidium folgendes Schreiben des jüngeren Bürgermeisters Senators Foorsboom zur Kenntniß gebracht:

---

* Freiherr Erasmus Robert v. Patow, geb. am 10. September 1804 auf dem Gute Mallenchen in der Niederlausitz ist mit einer Tochter des verstorbenen Schöffen v. Günderrode vermählt und dadurch Glied der adeligen Ganerbschaft Alten=Limpurg.

„Durch Senatsbeschluß vom Heutigen ist verfügt worden, daß die gesetzgebende Versammlung zur Erledigung nachstehenden dringlichen Vortrags,
die Beschaffung von Mitteln für die Bedürfnisse der Rechneikasse betr., mit Genehmigung des königl. preußischen Herrn Civil-Commissarius in Gemäßheit Artikels 14 der Constitutionsacte außerordentlicher Weise zusammenberufen werden solle; es wird daher der Herr Präsident ersucht, das Weitere gefälligst veranlassen zu wollen."

Der in derselben Sitzung verlesene Senatsvortrag gleichen Datums, betreffend Beschaffung von Mitteln für die Rechneikasse lautete:

„Unter Bezugnahme auf die salva remissione beifolgenden Acten sieht sich der Senat veranlaßt, die nachstehenden Eröffnungen der gesetzgebenden Versammlung zugehen zu lassen.

Die folgenschweren Ereignisse der jüngsten Zeit haben so bedeutende Anforderungen an die hiesige Staatskasse herantreten lassen, daß deren Bestände der Erschöpfung nahe gebracht sind.

Die Beträge der in dieser Beziehung bestrittenen und theilweise noch fernerhin zu bestreitenden Ausgaben mögen aus dem Berichte des Rechnei-Amtes vom 28. Juli l. J. ersehen werden.

Im Interesse des laufenden Dienstes, sowie der prompten Erfüllung vertragsmäßig eingegangener Verbindlichkeiten ist die Beschaffung außerordentlicher Geldmittel bis zum Belaufe von fl. 1,200,000 zur Verstärkung der Rechneikasse dringend erforderlich.

Der Senat hatte geglaubt, diesem Bedürfnisse am Sichersten durch Ausgabe verzinslicher Kassenscheine unter den in dem beßfalls ausgearbeiteten Gesetzentwurf enthaltenen Modalitäten genügen zu können und hatte beabsichtigt, dem entsprechende Vorlage der gesetzgebenden Versammlung zu machen.

Zu seinem Bedauern hat jedoch der königl. preußische Civilkommissär, Herr Landrath von Mabai, diesen Weg der Geldbeschaffung aus den in dem Schreiben vom 7. August enthaltenen Gründen für unangänglich erklärt und statt dessen auf den Modus der Aufnahme freiwillig der Rechneikasse zu gewährender Darlehen mit dem Bemerken hingewiesen, daß er in der Lage sein werde, einem dahin gerichteten Beschlusse des Senats Namens der Staatsregierung die erforderliche Bestätigung zu ertheilen.

Der Senat schließt sich überall der Auffassung an, welche das Rechnei-Amt bezüglich dieses Vorschlages des königl. preußischen Herrn Civilkommissärs in seinem Berichte vom 9. August niedergelegt und wonach dasselbe sich für die Ausführung der vorgeschlagenen Maßregel ausgesprochen hat.

Nachdem die ständige Bürgerrepräsentation mit Beschluß vom 15. August d. J. dem von dem Rechneiamte formulirten Antrage zugestimmt, beantragt der Senat nunmehr bei der gesetzgebenden Versammlung:

„Dieselbe wolle sich damit einverstanden erklären, daß das Rechnei- und Rentenamt ermächtigt werde, zur Deckung des laufenden Bedürf-

nisses verzinsliche Darlehen von Privaten und Corporationen bis zum Betrage von fl. 1,200,000, mit der Maßgabe aufzunehmen, daß
a) die darzuleihende Summe im Einzelfalle nicht unter fl. 1000 betragen dürfe,
b) die zu gewährenden Zinsen auf Fünf vom Hundert zu bestimmen und
c) jedesmal eine einjährige Rückzahlungsfrist festzusetzen, dem Rechneiamte jedoch die frühere Rückzahlung nach vorausgegangener, ihm jeder Zeit freistehender vierwöchentlicher Kündigung vorzubehalten sei.

Indem der Senat sich schon jetzt zur Absendung von Commissären bereit erklärt, welche der von der Versammlung niederzusetzenden Commission die etwa gewünscht werdende Auskunft zu ertheilen haben werden, sieht derselbe einer, durch die Umstände gebotenen, beschleunigten Behandlung des vorliegenden Gegenstandes von Seiten der gesetzgebenden Versammlung entgegen."

Die Versammlung, welche den Senatsvortrag an eine Commission zur Berichterstattung verwiesen hatte, trat in ihrer Sitzung vom 23. August dem vom Rechneiamte formulirten Antrag bei, mit der Ausnahme jedoch, daß sie die Einräumung des Vorbehalts an das Rechnei- und Rentamt, sich die frühere Rückzahlung nach vorausgegangener, ihm jeder Zeit freistehender vierwöchentlicher Kündigung zu bedingen, ablehnte, und sodann gegen den Senat die zuversichtliche Erwartung und das Ersuchen aussprach, daß derselbe durch eindringliche Verhandlungen mit der königl. preußischen Civilstelle und durch bei derselben einzureichende Denkschriften dahin wirken möge, das Aufhören der so drückenden, ja unerschwinglichen Naturalleistungen an die Truppen der preußischen Armee baldigst herbeizuführen, wobei ihm hoffentlich die Vermittlung dieser Stelle nicht werde versagt werden.

Das Amtsblatt der Stadt Frankfurt brachte am 30. August folgende

„Einladung

zur Betheiligung an einem zu 5 pCt. verzinslichen Darlehen im Betrage von fl. 1,200,000.

Die kriegerischen Ereignisse der jüngsten Zeit haben hiesiger Stadt schwere Opfer gekostet. Die öffentlichen Kassen sind nahezu erschöpft und bedürfen dringend außerordentlicher Zuflüsse, um den Anforderungen des laufenden Dienstes fernerhin genügen zu können.

Der Senat hat daher, unter Zustimmung der ständigen Bürger-Repräsentation, sowie der gesetzgebenden Versammlung und mit Genehmigung des Königl. Preußischen Herrn Civil-Commissärs, die Aufnahme zu 5 pCt.

verzinslicher, nach Ablauf von 12 Monaten rückzahlbarer Darlehen von mindestens fl. 1000 — bis zum Belaufe von fl. 1,200,000 — verfügt und das unterzeichnete Amt mit der Ausführung dieser Maßregel beauftragt.

Frankfurts Bürger haben für jedes nationale Bedürfniß allezeit offene Herzen und Hände gehabt. Sie werden sich dem Bedürfnisse der eigenen Vaterstadt nicht verschließen.

Es gilt unserem Gemeinwesen die Mittel zur Ueberwindung einer finanziellen Crisis zu gewähren, deren rasche Beseitigung gerade unter den dermaligen Zeitverhältnissen von der allergrößten Bedeutung ist.

Freiwillig werde geleistet, was sonsthin nur durch Anwendung von Zwangsmaßregeln zu erreichen stände.

Formulare zur Betheiligung sind bei dem unterzeichneten Amte zu erheben, woselbst auch etwa weiter gewünscht werdende Auskunft bereitwilligst ertheilt werden wird.

Frankfurt a. M., den 29. August 1866.

Rechnei- und Renten-Amt."

Das Anlehen war bereits am andern Tag vergriffen, kein namhaftes Bankhaus schloß sich aus. Das Haus Rothschild zeichnete 200,000 fl., Grunelius 100,000 fl., R. v. Erlanger und Söhne 100,000 fl. ꝛc.

Am 10. September wurde in der Sitzung der gesetzgebenden Versammlung von dem Vorsitzenden Herrn Dr. Jung folgendes an denselben gerichtetes Schreiben des jüngeren Bürgermeisters, Herrn Senators Forsboom, vom 8. Septbr. 1866, Verpflichtung der Mitglieder der gesetzgebenden Versammlung betreffend, verlesen:

„Im weiteren Verfolge des Erlasses des königl. preußischen Civilcommissarius Herrn Landrath von Madai vom 28. vorigen Monats, welcher durch Beschluß des Senats vom 31. August l. J. mitgetheilt wurde, übersende ich in der Anlage abschriftlich einen weiteren Erlaß des Herrn Civil-Commissarius, d. d. 6. et p. s. 7. September a. c., die Verpflichtung der Mitglieder der gesetzgebenden Versammlung betreffend, mit dem Ersuchen, die Mitglieder der gesetzgebenden Versammlung zu dem bezeichneten Zwecke auf Mittwoch, den 12. d. Mts., Vormittags 10 Uhr, in das Sitzungslocal berufen, auch den Empfang gegenwärtigen Schreibens mir gefälligst bestätigen zu wollen", sowie gleichfalls den an den jüngeren Herrn Bürgermeister, Senator Forsboom gerichteten abschriftlich beiliegenden Erlaß des königlich preußischen Landraths von Madai vom 6. September 1866, welcher lautet wie folgt:

Abschrift.

„Euer Hochwohlgeboren beehre ich mich, im weiteren Verfolge meines

Schreibens vom 28. v. M. ganz ergebenst zu ersuchen, die Mitglieder der gesetzgebenden Versammlung und der ständigen Bürger-Repräsentation, Behufs ihrer Verpflichtung, auf Mittwoch, den 12. d. Mts., Vormittags 10 Uhr, resp. 11 Uhr, in ihre Sitzungslocale zu berufen."

Der Vorsitzende theilt der Versammlung mit, daß er diesen Gegenstand kurzer Hand an die in Betreff des Protokoll-Auszugs des Senats vom 31. August 1866 ernannte Commission zum Berichte verwiesen habe, welchen Herr Dr. Reinganum darauf mündlich erstattete. Die Versammlung beschloß nach eingehender Berathung hinsichtlich der angesonnenen Verpflichtung der Mitglieder der Versammlung:

die gesetzgebende Versammlung genehmigt den von der Commission vorgelegten Entwurf eines Schreibens an den jüngeren Herrn Bürgermeister Senator Forsboom,

mit der von Herrn Dr. Malß beantragten Einschaltung:

„der Senat möge unter Rücknahme seines Antrages vom 28. August."

Der Entwurf lautet folgendermaßen:

„Die Verfügung in Betreff der Verpflichtung der Mitglieder der gesetzgebenden Versammlung hat, wie dieselbe annehmen muß, ihren Anlaß in dem „die Reconstituirung der gesetzgebenden Versammlung" betitelten Antrag des Senats.

Da unter den dermalen factisch herrschenden Zuständen die Ableistung eines neuen Eides oder Gelöbnisses, was immer der Inhalt sei, eine Gewissensbeschwerung für die Mitglieder dieser Versammlung sein würde, weil dieselben von dem verfassungsmäßigen Eide, welchen sie kraft des §. 20 des organischen Gesetzes vom 16. September 1856 geleistet haben, Seitens der Gesammtbürgerschaft nicht enthoben worden sind; so ersucht die Versammlung den Senat:

„derselbe möge an der geeigneten Stelle erwirken, daß von der beabsichtigten Verpflichtung der Mitglieder der gesetzgebenden Versammlung Abstand genommen werde."

Ferner verlas Herr Dr. Reinganum den Antrag der Commission bezüglich des Protokoll-Auszugs des Senats vom 31. August l. J., die Reconstituirung der gesetzgebenden Versammlung betr., welcher wie folgt lautet:

1) Die gesetzgebende Versammlung vermag in den Kriegsereignissen, welche über die freie Stadt Frankfurt hereingebrochen sind, einen rechtlichen Grund der Beeinträchtigung der verfassungsmäßigen Zustände nicht zu erkennen.

2) Unter vorstehender Verwahrung erachtet die gesetzgebende Versammlung auch während der Herrschaft einer überwiegenden äußeren Gewalt für ihre Pflicht, dem Gemeinwesen ihre Mitwirkung in den öffentlichen Angelegenheiten bis auf Weiteres auch ferner nicht zu versagen.

3) Die Versammlung läßt dem gestellten Antrage entsprechend die Acten über die von ihr noch nicht erledigten Gegenstände an den Senat zurückgehen.

4) Die Versammlung vermag einen Grund nicht wahrzunehmen, weßhalb die in ihrer Geschäftsordnung als Regel angenommene Oeffentlichkeit der Sitzungen aufhören soll, und gewärtigt, daß der Senat, wie bisher, in denjenigen Fällen, welche ausnahmsweise dazu angethan sein könnten, den Ausschluß der Oeffentlichkeit besonders beantrage.

Die Versammlung genehmigte Vertagung des Beschlusses.

Ferner wurde von dem Inhalte der nachstehenden Schriftstücke den Mitgliedern durch Schreiben des Herrn Präsidenten Kenntniß gegeben:

Der Unterzeichnete hat sich beeilt von Eurer Hochwohlgeboren geschätzter Zuschrift vom 10. l. Mts. in Betreff einer Verpflichtung der Mitglieder der gesetzgebenden Versammlung bem königlich preußischen Herrn Civilcommissarius Landrath von Mabai, Vorlage zu machen und hat hierauf heute die in Abschrift anliegende Erwiderung erhalten, welche er Eurer Hochwohlgeboren hiermit zur Kenntnißnahme, beziehungsweise zur Nachachtung ergebenst mittheilt.

Gefällige Empfangsanzeige hierüber erbittend zeichnet hochachtungsvoll

Seiner Hochwohlgeboren dem Herrn Präsidenten der gesetzgebenden Versammlung Dr. G. J. Jung Dahier.

Der jüngere Bürgermeister Forsboom."

Abschrift.

Euer Hochwohlgeboren beehre ich mich auf das gefällige Schreiben vom heutigen Tage, mit welchem Euere Hochwohlgeboren mir die Vorstellung des Herrn Präsidenten der gesetzgebenden Versammlung vom 10. b. M. übersandt haben, ganz ergebenst zu erwidern, daß, da die Mitglieder der gesetzgebenden Versammlung der Ueberzeugung sind, daß sie dem der Gesammtbürgerschaft geleisteten Eide gegenüber ohne Beschwerung ihres Gewissens keinerlei Gelöbniß gegen die Regierung Seiner Majestät des Königs von Preußen abgeben dürfen, ich zwar von der Verpflichtung der gesetzgebenden Versammlung ebenso wie von der ständigen Bürgerrepräsentation Abstand nehme, damit aber selbstredend gleichzeitig auch die bem Senate unterm 28. vorigen Mts. ertheilte Ermächtigung zurücknehmen muß, beide Körperschaften zu communalen Zwecken wieder einzuberufen. Euere Hochwohlgeboren beehre ich mich ergebenst zu ersuchen, sowohl der gesetzgebenden Versammlung wie der ständigen Bürgerrepräsentation, welche letztere ich auf die von ihrem Herrn Senior direct an mich gerichtete Vorstellung auch noch besonders beschieden habe, gefälligst schleunigst zur Pflicht zu machen, sich bis zu der definitiven Entscheidung über die politischen Verhältnisse der Stadt Frankfurt jedes Zusammentretens zu enthalten.

Frankfurt a. M., den 11. September 1866.

An den jüngeren Bürgermeister Ritter ꝛc. Herrn Forsboom, Hochwohlgeboren Dahier.

Der Königliche Civilcommissarius
Landrath
gez. von Mabai."

Auf den 12. September wurde der gesetzgebende Körper und die ständige Bürgerrepräsentation zu einer Sitzung einberufen, über deren Zweck dem Frankfurter Journal folgender Aufschluß und sachliche Erläuterung zuging: „Nachdem bei Eintritt der Occupation Frankfurts die städtischen Körperschaften suspendirt worden waren, wurde später aus Opportunitätsrücksichten der Senat in der beschränkten Competenz einer städtischen Magistratsbehörde reconstituirt, nachdem derselbe an Eidesstatt die Verpflichtung abgelegt hatte, sich der Ausübung aller und jeder Souveränetätsrechte zu enthalten. Während der Senat unter dieser Beschränkung seine administrativen Functionen dauernd fortsetzte, wurde der gesetzgebende Körper nur in Einzelfällen, namentlich bei Finanzfragen, ad hoc berufen. Inzwischen hat sich das Bedürfniß herausgestellt, auch den gesetzgebenden Körper und beßgleichen die ständige Bürgerrepräsentation zur Erfüllung von Communalzwecken ihre bezügliche Thätigkeit wieder in regelmäßiger Weise aufnehmen zu lassen, und es ist demgemäß Seitens des königlichen Herrn Civilcommissärs in Folge Senatsantrages hierzu die Genehmigung ertheilt worden. Es ist selbstredend, daß nunmehr, wie früher vom Senat, so jetzt von den beiden andern Körperschaften, die verpflichtende Erklärung verlangt werden mußte, sich auch ihrerseits jeglicher Ausübung von Souveränetätsrechten zu enthalten."

Wir lassen hier folgendes darauf bezügliches Schriftstück folgen:

„Herr von Mabai hat zufolge eines mir heute von Herrn Bürgermeister Forsboom mitgetheilten Erlasses vom 11. l. M. von der Verpflichtung der Mitglieder der gesetzgebenden Versammlung und der ständigen Bürger-Repräsentation Abstand genommen, dagegen aber die dem Senate am 28. August l. J. ertheilte Ermächtigung, beide Körperschaften zu communalen Zwecken selbstständig einzuberufen, zurückgezogen. Zugleich hat Herr von Madai Herrn Bürgermeister Forsboom in demselben Erlasse ersucht, sowohl der gesetzgebenden Versammlung, als auch der ständigen Bürger-Repräsentation schleunigst zur Pflicht zu machen, „sich bis zu der definitiven Entscheidung über die politischen Verhältnisse der Stadt Frankfurt jedes Zusammentretens zu enthalten."

Indem ich den Mitgliedern der gesetzgebenden Versammlung hiervon Kenntniß gebe, bemerke ich, daß die betreffenden Schriftstücke in der Kanzlei zur Einsicht aufliegen.

Frankfurt a. M., den 12. September 1866.
Der Präsident der gesetzgebenden Versammlung
Dr. G. J. Jung."

Das königliche Civilcommissariat nahm jedoch nachträglich in Folge der von den beiden genannten Körperschaften gegebenen Erläuterungen und erhobenen Einwendungen, und da die Verhältnisse von Frankfurt sich demnächst ohnehin ändern, von einer Verpflichtung Abstand.

Nachdem bereits mit Bayern, Württemberg und Baden der Frieden abgeschlossen war, wurde auch am 12. September der Frieden zwischen dem Großherzogthum Hessen und dem Königreich Preußen ratificirt, nach dessen Bestimmungen kommen die Frankfurtischen Ortsbezirke Dortelweil und Niedererlenbach an das Großherzogthum Hessen.

Im Laufe des Monats September wurde eine Adresse, welche den Protest gegen die Einverleibung Frankfurts in die preußische Monarchie ausspricht, bei der Bürgerschaft in Circulation gebracht. Dieselbe war bald von nahezu 3000 Unterschriften bedeckt und wurde von dem amerikanischen Gesandten in Berlin an betreffendem Orte überreicht. Der Wortlaut der Adresse ist folgender:

„Durch die militärische Occupation Frankfurts sind die verfassungsmäßigen Behörden der freien Stadt außer Wirksamkeit gesetzt worden. Nur in einzelnen Fragen wurden die Mitglieder der ständigen Bürgerrepräsentation und des gesetzgebenden Körpers ad hoc einberufen. Nachdem in solcher Weise die verfassungsmäßigen Behörden in der Ausübung der auf die von der Bürgerschaft übertragenen Hoheitsrechte faktisch verhindert sind, halten wir Endesunterzeichnete Bürger uns für berufen und verpflichtet, zu erklären, daß eine Einverleibung Frankfurts in die preußische Monarchie weder vom Standpunkt des Rechts gut geheißen, noch auch aus politischen Rücksichten empfohlen werden kann.

Bezüglich der Frage des Rechts sind wir auf die Jedermann bekannten,

authentischen Actenstücke hingewiesen. Wenn dort von einer beharrlichen Ablehnung der von Preußen vorgeschlagenen Reform des deutschen Bundes, von einem offenen mit dem Zwecke der Vereitelung jener Reformbestrebungen unternommenen Kriege, und gar von einer fortdauernden großen Gefahr gesprochen wird, welche Preußen im Rücken und von der Seite bedrohe, so wollen wir uns darüber kein Urtheil erlauben, in wie weit dies bei Hannover, Kurhessen und Nassau zutrifft, auf Frankfurt aber sind diese Gründe gewiß nicht anwendbar. Frankfurt war bekanntlich niemals in der Lage, einen preußischen Bundesreformplan abzulehnen. Ebenso wenig kann das Kriegsrecht und die Entscheidung der Waffen angerufen werden; denn zwischen Frankfurt und der Monarchie Preußen bestand kein Krieg. Dies ist von der königl. preußischen Regierung selbst in einem an die Mächte Europa's gerichteten Circularschreiben bei Gelegenheit der durch die Bundesversammlung verfügten Aufhebung der königl. preußischen Telegraphenstation anerkannt worden. In diesem Circularschreiben wird nämlich ein besonderer Nachdruck auf den Umstand gelegt, daß die Aufhebung in einer Stadt bewerkstelligt worden sei, mit welcher Preußen in Frieden lebe. Der Vorfall, auf welchen sich dieses offizielle Anerkenntniß bezieht, fand am 16. Juni statt. Dessenohngeachtet glaubt der Bericht der XIII. Commission des preußischen Abgeordnetenhauses vom 1. September die Feindseligkeit Frankfurts daraus herleiten zu dürfen, daß die freie Stadt in der Sitzung des Bundestags vom 14. Juni b. J. einem Antrage der österreichischen Regierung, dahin gehend:
„wegen der in dem Bundeslande Holstein Preußen zur Last fallenden Selbsthülfe die nicht preußischen Bundescorps mobil zu machen", zugestimmt habe.

Allein bei der Abstimmung vom 14. Juni erklärte Frankfurt ausdrücklich, „daß sein Senat sich die Motivirung des österreichischen Antrags nicht aneigne." Indem Frankfurt vielmehr für die Mobilisirung der nicht=preußischen und nicht=österreichischen Bundesarmeecorps stimmte, trat es für seinen Theil dem österreichischen Antrage in dessen wesentlichster Richtung entgegen. Es lehnte das Ansinnen ab, die österreichischen Armeecorps Namens des Bundes handeln zu lassen.

Uebrigens darf nicht übersehen werden, daß Frankfurt als Sitz des Bundestages gewissermaßen neutraler Boden, und daß seine Selbständigkeit daneben nach dem Maße seiner Bundesbesatzung beeinträchtigt und beeinflußt war. Man würde deshalb Frankfurt zu nahe treten, wenn man es für jeden Vorgang verantwortlich machen wollte, der nach dem Abzuge der königlich preußischen Truppen auf einem ausschließlich von Bundestruppen occupirten Terrain stattgefunden hat. Für die Neutralität Frankfurts ist endlich eine Thatsache von entscheidendem Gewichte: Das Frankfurter Truppencontingent ist niemals mobil gemacht und keinem Armeecorps zugetheilt worden. Es ist gar nicht in das Feld gerückt. Friedlich hielt es die Wachen der Stadt besetzt, als die Mainarmee einzog. Es fand eine einfache Ablösung statt. Dies wäre im Falle eines Kriegs undenkbar gewesen.

In authentischen Actenstücken wird nun weiter gesagt: „durch das oben beschriebene feindselige Verhalten hätten die einzuverleibenden Länder be=

wiesen, daß auf ihre Mitwirkung zur Befriedigung der nationalen Bedürfnisse und berechtigten Wünsche des deutschen Volkes nicht zu rechnen sei.

Dieser Vorwurf, auf Frankfurt angewendet, muß das Bewußtsein seiner Bewohner auf das Schmerzlichste berühren. Frankfurt, welches durch seine ganze Vergangenheit, sowie durch seine geographische Lage von jeher ein Centrum deutschen Lebens und deutscher Bildung war, hat sich immer bestrebt, dieser hohen Aufgabe würdig zu erscheinen, und kein politisches oder sociales Ereigniß von einiger Bedeutung, welches sich wo immer in Deutschland zugetragen, ist in Frankfurt unbeachtet geblieben.

Es darf hier an den denkwürdigen Moment erinnert werden, in welchem Deutschland, fußend auf seinem Rechte, „zu existiren, zu athmen und sich zu einigen," die deutsche Kaiserkrone dem Könige Friedrich Wilhelm IV. anbot, und in welchem Frankfurt in patriotischem Eifer das Kaiserbild auf seine Münzen prägen ließ. Aber auch die weniger ferner liegende Zeit, in welcher die königlich preußische Regierung Beschwerden erhob über den lauten und rückhaltlosen Ausdruck, den die jetzt anerkannten nationalen Bedürfnisse damals auf dem Boden Frankfurts fanden, soll nicht ganz vergessen sein. Und endlich dürfen wir gedenken der eifrigen und ungesäumten Unterstützung, welche Frankfurt der deutschen, durch Preußen vertretenen Handelspolitik jeder Zeit angedeihen ließ, indem es insbesondere im vorigen Jahre noch durch sein Beispiel die Reconstituirung des in seinem Bestand gefährdeten Zollvereins förderte.

Hier erkennt man recht deutlich, wie wenig zutreffend alle in den authentischen Actenstücken zur Geltung gebrachten Motive auf die Verhältnisse Frankfurts sind. Damit aber erhellt zugleich, daß irgend ein Rechtsgrund für die Einverleibung Frankfurts nirgends existirt, und in einigem Zusammenhange damit steht denn auch die Frage, ob eine Einverleibung gleichwohl aus irgend welchen politischen Rücksichten sich empfehlen könne.

Preußen hat die Reconstituirung Deutschlands in seine mächtige Hand genommen. Allein sein Vorhaben wird erst in dem Augenblicke gekrönt werden, in welchem ihm die Versöhnung mit Nord- und Süddeutschland gelingt. Zu diesem Werke der Versöhnung wird ein auf der Grenze liegender neutraler Punkt schwerlich entbehrt werden können. Das in eine preußische Provinzialstadt verwandelte Frankfurt wird gänzlich außer Stande sein, auch nur das Geringste zur Ausgleichung vorhandener Antipathien beizutragen; aber das in seiner Selbständigkeit geachtete Frankfurt wird in seinen Sympathien für Preußen in dem Maße wachsen, als es die Erhaltung seiner altehrwürdigen freien Institutionen lediglich der Rechtsachtung verdankt, und es wird, auch wenn es gar nicht wollte, dazu gedrängt werden, eine Stätte der Propaganda für den weiteren Ausbau der nationalen Bedürfnisse zu werden. Die Erhaltung Frankfurts an und für sich ist ohne Bedeutung. Frankfurt war und ist jeder Zeit bereit, ohne Klagen seine Selbständigkeit zu opfern, sobald die Einigung Gesammt-Deutschlands eine vollendete Thatsache ist. Allein so lange diese Einigung nicht vollständig bewerkstelligt ist, erscheint Frankfurts Selbständigkeit keineswegs gänzlich bedeutungslos. Es hat einen geschichtlichen Beruf, der weiter reicht als seine Bedeutung an sich, und schwerlich dürfte es im Interesse Preußens liegen, wenn durch eine Einverleibung, wie beabsichtigt, Frankfurt in der Erfüllung seiner Mission gestört werden sollte.

Treffend ist das Wort des Geschichtsschreibers Heeren, welcher vor einem halben Jahrhundert mit Prophetenblick den Warnungsruf ergehen ließ:

„Auch in der deutschen Bundeskette glänzen, gleich so viel kleineren Edel„steinen, dennoch nicht verdunkelt durch den Glanz der größern, die vier „freien Städte. Möge es allgemein gefühlt werden, wie wohlthätig diese „Zusammenstellung nicht bloß in Handelsrücksicht, sondern auch in politischer „Beziehung ist. Die politische Kultur beruht auf der praktischen Mannig„faltigkeit der Verfassungen, nicht darauf, daß die Theoretiker sie auf dem „Papier klassifiziren. Der Despotismus strebt zur Einförmigkeit. Daß von „dem Tajo bis zum Riemen nichts als Departemente und Communen mit „ihren Präfecten und ihren Maires gefunden werden sollten, — dies wäre „binnen Kurzem, wie einst in der römischen Monarchie, der Untergang aller „politischen Kultur geworden."

Nach solchen Zeugnissen setzen wir einen Stolz darein, versichern zu dürfen, daß Frankfurts Bevölkerung mit beispielloser Einmüthigkeit von dem Verlangen beseelt ist, die territoriale Selbständigkeit unter den gangebenen Umständen zu bewahren. Noch bis zur letzten Stunde wird man ohne Wanken an dieser Hoffnung festhalten. Von Generation zu Generation wird sich die Erinnerung fortpflanzen an die Zeit der Freiheit und Unabhängigkeit, an die Zeit, in welcher das bürgerliche Gemeinwesen auf der Liebe Aller, als auf dem tiefsten Fundamente, ruhte. Unwandelbar wird man am alten Recht und am alten Glauben, an der alten Liebe und an der alten Treue festhalten.

Frankfurt a. M., im September 1866."

Folgen die Unterschriften.

Die Adresse war von einem Schreiben an den Ministerpräsidenten Grafen v. Bismarck begleitet, welches nach der „Hessischen Landeszeitung" (siehe Nr. 267 vom 14. Novbr.) folgendermaßen lautete:

„Es hat der hohen Regierung Seiner Majestät des Königs gefallen, die freie Stadt Frankfurt der preußischen Monarchie einzuverleiben. Ohne eine Kritik der geschehenen Dinge üben zu wollen, wird es gleichwohl erlaubt sein, zu constatiren, daß diese Verfügung über die Zukunft eines souveränen Staates oder vielmehr diese thatsächliche Vernichtung einer staatlichen Existenz, einseitig und ohne dabei den Willen der zunächst Berechtigten zu hören, getroffen worden ist. Euer Excellenz werden schwerlich von der Mittheilung überrascht sein, daß die von Schicksalsschlägen schwer betroffenen Bürger des untergegangenen Gemeinwesens eine dem Ernst ihrer Lage angemessene Kundgebung sich nicht versagen konnten. Die Denkschrift, von welcher wir Eurer

Excellenz eine Ausfertigung zu überreichen die Ehre haben, verdankt ihre Entstehung dem lebendigen Gefühl, daß ein bis dahin freies Gemeinwesen nicht ganz lautlos aus der Reihe der Staaten verschwinden könne und daß man die Achtung sich selbst schuldig sei, die Gesichtspunkte des klaren Rechtes auch da noch fest zu halten, wo die aus dem Kriegsrecht entlehnten Grundsätze der Gewalt über die Schicksale der Menschen zu entscheiden pflegen. Frankfurt, 16. October 1856."

Am 8. October, Vormittags 11 Uhr, versammelten sich im Kaisersaale die Mitglieder des Senates, die christliche und israelitische Geistlichkeit, die Oberlehrer der Schulen, die Spitzen der Verwaltungsbehörden, der Post, des Telegraphen und der Eisenbahnen, die Schultheißen der Dorfschaften, sowie der commandirende General v. Beyer mit dem Offizierscorps der Garnison, um dem feierlichen Act der Besitzergreifung der vorhinigen freien Stadt Frankfurt durch die Krone Preußens beizuwohnen. Aus dem gewöhnlichen Sitzungszimmer des Senates, dem früheren Wahlzimmer der deutschen Kaiser, begaben sich der königl. Civilgouverneur, Frhr. v. Patow, und der königl. Civilcommissär, Herr Landrath v. Mabai, in den Saal. Nach einigen einleitenden Worten des Frhrn. v. Patow verlas Herr v. Mabai die folgenden Actenstücke:

Patent
wegen Besitznahme der vormaligen freien Stadt Frankfurt.

Wir Wilhelm, von Gottes Gnaden König von Preußen ꝛc. thun gegen Jedermann hiermit kund:

Nachdem in Folge eines von Oesterreich und seinen Bundesgenossen begonnenen, von Uns in gerechter Abwehr siegreich geführten Krieges die freie Stadt Frankfurt a. M. von Uns besetzt worden ist, so haben Wir beschlossen, dieselbe mit Unserer Monarchie zu vereinigen und zu diesem Behufe mit Zustimmung beider Häuser des Landtages das Gesetz vom 20. September d. J. erlassen und verkündigt.

Demzufolge nehmen Wir durch gegenwärtiges Patent mit allen Rechten der Landeshoheit und Oberherrlichkeit in Besitz und einverleiben Unserer Monarchie mit sämmtlichen Zubehörden und Ansprüchen die vormalige freie Stadt Frankfurt a. M. mit den zu ihrem Gebiete gehörigen Ortsbezirken Bonames, Bornheim, Hausen, Niederrad, Niederursel und Oberrad.

Wir werden Unserem Königlichen Titel den entsprechenden Titel hinzufügen.

Wir befehlen, die Preußischen Adler an den Grenzen zur Bezeichnung Unserer Landesherrlichkeit aufzurichten, statt der bisher angehefteten Wappen Unser Königliches Wappen anzuschlagen und die öffentlichen Siegel mit dem Preußischen Adler zu versehen.

Wir gebieten allen Einwohnern der nunmehr mit Unserer Monarchie vereinigten ehemaligen freien Reichsstadt Frankfurt a. M. mit den zu ihrem Gebiete gehörigen Ortschaften, fortan Uns als ihren rechtmäßigen König und Landesherrn zu erkennen und Unseren Gesetzen, Verordnungen und Befehlen mit pflichtmäßigem Gehorsam nachzuleben.

Wir werden Jedermann im Besitze und Genusse seiner wohlerworbenen Privatrechte schützen und die Beamten, welche für Uns in Eid und Pflicht zu nehmen sind, bei vorausgesetzter treuer Verwaltung, im Genusse ihrer Diensteinkünfte belassen. Die gesetzgebende Gewalt werden Wir bis zur Einführung der Preußischen Verfassung allein ausüben.

Wir wollen die Gesetze und Einrichtungen der bisherigen freien Stadt Frankfurt a. M. erhalten, soweit sie der Ausdruck berechtigter Eigenthümlichkeiten sind und in Kraft bleiben können, ohne den durch die Einheit des Staats und seiner Interessen bedingten Anforderungen Eintrag zu thun.

Unser bisheriger Civil-Commissarius ist von Uns angewiesen, hiernach die Besitznahme auszuführen.

Hiernach geschieht Unser Wille.

Gegeben Schloß Babelsberg, 3. October 1866.

Wilhelm.

Graf v. Bismarck-Schönhausen. Frhr. v. d. Heydt. v. Roon.
Graf v. Itzenplitz. v. Mühler. Graf zur Lippe. v. Selchow.
Graf zu Eulenburg.

Allerhöchste Proklamation
an die Bewohner der vormaligen freien Stadt Frankfurt.

Durch das Patent, welches Ich heute vollzogen habe, vereinige Ich Euch, Einwohner der Stadt Frankfurt a. M. und deren Gebietes, mit Meinen Unterthanen, Euren Nachbaren und Deutschen Brüdern.

Durch die Entscheidung des Krieges und durch die Neugestaltung des gemeinsamen Deutschen Vaterlandes nunmehr der bisherigen Selbständigkeit enthoben, tretet Ihr jetzt in den Verband eines großen Landes, dessen Bevölkerung Euch durch Stammesgemeinschaft, durch Sprache und Sitte verwandt und durch Gemeinsamkeit der Interessen befreundet ist.

Wenn Ihr Euch nicht ohne Schmerz von früheren, Euch lieb gewordenen Verhältnissen lossagt, so ehre Ich diesen Schmerz und würdige denselben als eine Bürgschaft, daß Ihr und Euere Kinder auch Mir und Meinem Hause mit Treue angehören werdet. Ihr werdet die Nothwendigkeit des Geschehenen erkennen. Denn sollen die Früchte des schweren Kampfes und der blutigen Siege für Deutschland nicht verloren sein, so gebietet es eben so die Pflicht der Selbsterhaltung, als die Sorge für die Förderung der nationalen Interessen, Frankfurt mit Preußen fest und dauernd zu vereinigen. Und — wie schon Mein in Gott ruhender Herr Vater es ausgesprochen — nur Deutschland hat gewonnen, was Preußen erworben.

Dieses werdet Ihr mit Ernst erwägen und so vertraue Ich Euerem deutschen und redlichen Sinne, daß Ihr Mir Euere Treue eben so aufrichtig geloben werdet, wie Ich zu Meinem Volke Euch aufnehme.

Eueren Gewerben, Euerem Handel und Euerer Schifffahrt eröffnen sich durch die Vereinigung mit Meinen Staaten reichere Quellen. Meine Vorsorge wird Euerem Fleiße wirksam entgegenkommen.

Eine gleiche Vertheilung der Staatslasten, eine zweckmäßige energische Verwaltung, sorgsam erwogene Gesetze, eine gerechte und pünktliche Justizpflege, kurz alle die Garantieen, welche Preußen zu Dem gemacht, als was es sich jetzt in harter Probe bewährt hat, werden Euch fortan gemeinsame Güter sein.

Eure kriegstüchtige Jugend wird sich seiner Zeit ihren Brüdern in Meinen anderen Staaten zum Schutze des Vaterlandes treu anschließen, und mit Freude wird die preußische Armee dieselbe empfangen.

Die Diener der Kirchen werden auch fernerhin die Bewahrer des väterlichen Glaubens sein.

Euren Schulen und den von Euch rühmlichst gepflegten Anstalten für Wissenschaft und Kunst werde Ich Meine besondere Aufmerksamkeit widmen, und wenn der Preußische Thron, je länger desto mehr, als der Hort der Freiheit und Selbständigkeit des Deutschen Vaterlandes erkannt und gewürdigt wird, dann wird auch Euer Name unter denen seiner besten Söhne verzeichnet werden; dann werdet auch Ihr den Augenblick segnen, der Euch mit einem größeren Vaterlande vereinigt hat.

Das walte Gott!

Schloß Babelsberg, den 3. October 1866.

Wilhelm.

Frhr. v. Patow richtete hierauf an die Versammlung folgende Ansprache:

„Im Namen Sr. Maj. des Königs erkläre ich hiermit, daß durch die Publikation des soeben vernommenen Allerhöchsten Besitzergreifungs-Patents die Vereinigung der bisherigen freien Stadt Frankfurt und ihres Gebiets mit der preußischen Monarchie rechtlich und thatsächlich vollzogen ist.

„Ich ersuche die Herren Bürgermeister, die Herren Senatoren, die Behörden und Beamten und sämmtliche Anwesende, soweit nicht die veränderten Verhältnisse entgegenstehen, die bisherigen amtlichen Functionen nach den bisherigen Gesetzen und Anordnungen bis auf Weiteres fortzusetzen.

„Der Moment, in welchem diese Veränderung eintritt, muß für Sie, die Herren des Senats und des Raths, für die übrigen hier versammelten Herren, für alle bisher freien Bürger Frankfurts ein tief bewegter sein. Aber auch für Diejenigen, welche bisher als Fremdlinge in den Mauern dieser Stadt weilten, für jeden Deutschen und jeden Freund deutscher Geschichte hat dieser Moment etwas Ergreifendes. Deutschlands Kaiser blicken in diesem Saale in mehr als 1000jähriger Reihe in von Meisterhand gemalten Bildern auf uns herab; von diesem Balkon wurden die Wahlen dem harrenden Volke verkündet, deren Resultat oft für die Schicksale Deutschlands, für die Geschicke der Welt entscheidend war. Aus Frankfurts Straßen, aus den eigenthümlichen Formen alter bescheidener Bürgerhäuser, wie aus den Prachtbauten der Neuzeit, aus seinen Bauwerken für Gottesdienst und Schule, für Kunst und Wissenschaft, aus seinen Denkmälern tritt uns eine große Vergangenheit, ein reich entwickeltes städtisches Gemeinwesen entgegen.

„Aber, meine Herren, die Weltgeschichte läßt sich nicht durch Gefühle, durch Erinnerungen bestimmen. Sie schreitet unaufhaltsam vorwärts; neue Zeiten bringen neue Anforderungen, die alten Gebilde müssen den neuen Platz machen!

„Sie, meine Herren, und alle bisher freien Bürger Frankfurts, haben Ihre Selbständigkeit verloren. Das ist ein Verlust, dessen Größe sich, wenn Sie wollen, jeder Schätzung entzieht.

„Aber dafür wird Ihnen mancher Ersatz gewährt. Sie erlangen ein Vaterland in dem eminenten Sinne, in welchem Sie bisher ein solches nicht hatten und nicht haben konnten. Sie kommen zu einem Reiche, welches in manchen schweren Zeiten und erst neuerdings den Beweis geliefert hat, daß es durch die treffliche Organisation und Führung, durch die Tapferkeit seines Heeres, durch sein Volk in Waffen fest auf eigenen Füßen zu stehen und seine und seiner Bürger Rechte zu schützen weiß, wo und gegen wen es auch sei. Sie werden künftig die Weltgeschichte nicht mehr über sich ergehen lassen, Sie werden helfen, dieselbe zu machen. Sie werden Bürger eines Staates, der zuerst klar begriff, daß eine neue Zeit angebrochen sei, und Das, was sie verlangte, mit kräftiger, aber schonender Hand zu geben wußte; der zuerst die Fesseln der nationalen und der volkswirthschaftlichen Entwicklung zerbrach, die Freiheit der Person, des Eigenthums, die Freiheit der Gewerbe, des Handels, der Ansiedelung herstellte. Sie werden Bürger eines Staates, der zuerst durch die Gründung des Zollvereins, durch die Verabredungen über das Münzwesen, über Posten und Telegraphen und andere Dinge Deutschland wenigstens in manchen und wichtigen Beziehungen zur Einheit zurückführte. Sie werden Bürger eines Staates, in welchem Religion und Schule, Kunst und Wissenschaft, Handel und Industrie sich von jeher einer sorglichen Pflege zu erfreuen hatten, dessen Gerechtigkeitspflege eine überall rühmlich anerkannte, dessen Verwaltung eine wohlgeordnete, intelligente und wohlwollende ist.

„Daß Preußen Ihnen dieß Alles bieten kann, das verdankt es seinen großen und ruhmreichen Fürsten, wie sie in so langer, ununterbrochener Reihe kein anderes Land aufzuweisen hat.

„Auch Sie, meine Herren, auch die Bürger dieser Stadt werden fortan einen festen Schutz und Hort in einem königlichen Herrn finden, der mit Weisheit und Gerechtigkeit, mit Kraft und Milde die Geschicke eines großen Reiches lenkt.

„Se. Maj. der König hat mit warmen, herzlichen Worten Ihnen verkündet, was er Ihnen gewähren, was er Ihnen sein will. Ergreifen Sie mit treuem Sinne die dargebotene Hand, werden Sie auch ihm, was Sie ihm werden können. Sprechen Sie zum ersten Male als neue Preußen das Gefühl aus, welches alle alten Preußenherzen durchglüht: Gott erhalte, Gott segne den König! Stimmen Sie ein in den lauten Ruf:

„Se. Majestät Wilhelm, König von Preußen, lebe hoch!"

In demselben Augenblick wurde die preußische Fahne auf dem Giebelthürmchen des Römers aufgezogen. Hierauf war die Feierlichkeit beendet.

Vor dem Römer war eine Compagnie des 34. Infanterie-Regiments mit der Fahne und dem Musikcorps aufgestellt, welches Letztere im Moment der Besitzergreifung die Nationalhymne spielte. Das auf dem Platze versammelte Publikum verhielt sich theilnahmslos.

Nach der Feierlichkeit im Kaisersaale fand auf dem Roßmarkt eine Parade der hiesigen Garnison statt. Außer auf dem Römer wehen die preußischen Farben, so weit wir dieß bis jetzt bemerkt, nun auch auf den Kasernen, der Börse, in welcher sich das Telegraphenamt befindet, und dem Postgebäude. (Siehe Nr. 281 des Frankfurter Journals vom 9. October.)

Außer dem Patent und der Proclamation wurde noch folgende königliche Verordnung bekannt gegeben:

„Wir Wilhelm, von Gottes Gnaden König von Preußen ꝛc. verordnen für das Gebiet der mit Unserer Monarchie vereinigten ehemaligen freien Stadt Frankfurt was folgt:

I. Die nach Gesetz oder Herkommen bisher bei dem Senate beruhende Oberaufsicht über das Justizwesen wird fortan von Unserm Justiz-Minister ausgeübt, auf welchen sämmtliche darunter begriffene Befugnisse übergehen.

II. In allen Justiz-Angelegenheiten, welche nach den Bestimmungen des Preußischen Rechts Unserer landesherrlichen Entschließung oder Genehmigung bedürfen, ist wegen deren Einholung an Unsern Justiz-Minister zu berichten.

III. An die Stelle des Ober-Appellationsgerichts zu Lübeck tritt als oberster Gerichtshof vom 1. Januar k. J. ab Unser Ober-Tribunal zu Berlin.

IV. Im Uebrigen tritt in den Ressortverhältnissen und Befugnissen der Justizbehörden, so wie in dem bestehenden Instanzenzuge für jetzt eine Aenderung nicht ein.

Urkundlich unter Unserer Höchsteigenhändigen Unterschrift und beigedrucktem Königlichen Insiegel.

Gegeben Schloß Babelsberg, den 3. October 1866.

(gez.) Wilhelm.

(L. S.) (ggz.) Graf zur Lippe.

Verordnung
betreffend die Justiz-Verwaltung innerhalb
der ehemaligen freien Stadt Frankfurt
bringe ich hiermit zur öffentlichen Kenntniß.
Frankfurt a. M., den 8. October 1866.
Der Königliche Civil-Commissarius
Landrath
von Madai."

In Bezug auf einen vom Senate der Stadt Frankfurt abgegebenen Protest und eine Verwahrung der städtischen Rechte enthält das „Frankfurter Journal" folgende officiöse Berichtigung: „Die Mittheilung über eine Verwahrung des Senats ist geeignet, Mißverständnisse hervorzurufen. Der Senat hat allerdings eine Verwahrung der Rechte hiesiger Bürgerschaft auf staatliche Selbständigkeit und Unabhängigkeit niedergelegt, aber nicht etwa, wie jene Notiz irrig vermuthen lassen könnte, in der Form eines förmlichen Protestes gegen die stattgefundene politische Veränderung, sondern in der Weise, wie staatliche Existenzen bei dem Uebergange in eine andere Form die Rechte des früheren Zustandes zu wahren pflegen. Außerdem hat der Senat eine Ansprache an die Bürgerschaft in Stadt und Land beschlossen, worin er nach einem Hinweise auf die Geschichte von Frankfurt, die großen historischen Ereignisse in seinen Mauern, und sein Jahrhunderte altes Staatswesen das Bedauern ausspricht, daß die von allen Seiten als nothwendig erkannte Umgestaltung des deutschen Bundes sich nicht ohne das Opfer der Selbstständigkeit Frankfurts habe vollziehen lassen, zugleich aber seinem Vertrauen auf die Regierung des Staates, der die Erfüllung der nationalen Hoffnungen Deutschlands verheißen, sowie auf die bewährte Tüchtigkeit der Frankfurter Bürgerschaft zur Sicherung einer hervorragenden Stellung auch unter den neuen Verhältnissen, und endlich dem Wunsche einer glücklichen Zukunft der Stadt Ausdruck gibt."

Die erwähnte Ansprache des Senates an die Bürgerschaft von Stadt und Land, welche bereits in der Naumann'schen Officin gedruckt war, deren Ausgabe jedoch verhindert wurde, lautet nach dem Stuttgarter „Beobachter" (Nr. 259 vom 6. November):

„Der Senat
an
die Bürgerschaft von Stadt und Land.

Die erschütternden Ereignisse der jüngsten Vergangenheit haben ihre Wirkung nicht nur auf die politischen Verhältnisse Gesammtdeutschlands geübt; sie haben insbesondere auch die Verhältnisse unserer Vaterstadt von Grund aus verändert.

Frankfurt — die altehrwürdige freie Reichs- und Krönungsstadt, der langjährige Sitz der deutschen Bundesversammlung; der neutrale Boden, auf dem die Vertreter der Nation sich zum ersten deutschen Parlamente zusammengefunden — die „Freie Stadt Frankfurt" ist aus der Reihe der staatlichen Existenzen ausgeschieden.

Die Hoffnung, daß die, allseitig für nothwendig erkannte Umgestaltung des deutschen Bundes sich werde vollziehen lassen ohne das Opfer der Selbstständigkeit Frankfurts, ist unerfüllt geblieben; die dahin gerichteten Bemühungen waren von keinem Erfolge begleitet: mit der, dahier vollzogenen Verkündigung des königlichen Besitzergreifungspatentes ist die Vereinigung der freien Stadt Frankfurt mit der preußischen Monarchie zur vollendeten Thatsache geworden.

Der Schmerz um den Verlust der freistädtischen Institutionen, durch alle Klassen der Bevölkerung tief empfunden, von dem Senate in vollstem Maße getheilt, ist ein berechtigter; er ist von allen Seiten als solcher anerkannt und geachtet.

Mit der Aufhebung der staatlichen Selbständigkeit ist die, bis dahin bestandene Staatsverfassung aufgehoben; der Senat als Regierungsbehörde hat aufgehört zu bestehen, neue Verfassungszustände werden an die Stelle der bisher bestandenen treten.

Frankfurts Bürgerschaft blickt auf eine große Vergangenheit zurück. Die Geschichte der Stadt zählt nach Jahrhunderten und die Ereignisse, die hier ihren Schauplatz gefunden, sind Marksteine geworden in der Geschichte des deutschen Vaterlandes.

Die Blüthe des Gemeinwesens, der Wohlstand seiner Bürger ist aber von jeher deren eigenstes Werk gewesen. Die Bürgerschaft wird darum an der Zukunft ihrer Stadt nicht irre werden.

Die Regierung des Staates, der sich an die Spitze Deutschlands gestellt und die Erfüllung der nationalen Hoffnungen verheißen hat, wird sich der Sorge um die gedeihliche Entwickelung der neu erworbenen Stadt nicht entschlagen wollen; sie wird — wir dürfen dieß erwarten — geneigt sein, die Vortheile, welche die Zugehörigkeit zu einem großen Staatskörper darbietet, dem hiesigen Gemeinwesen in unverkürztem Maße angedeihen zu lassen. Die Bürgerschaft selbst aber wird durch ihre bewährte Tüchtigkeit und Betriebsamkeit, durch den Sinn für die öffentlichen Interessen ihrer Vaterstadt, vornämlich aber durch jenen Geist der Humanität, der als die schönste Blüthe der früheren Institutionen bezeichnet werden darf, bestrebt und vermögend sein, Frankfurt auch fernerhin die geachtete und hervorragende Stellung zu bewahren, die es bisher mit Erfolg behauptet hat.

In solchem Sinne und mit solchem Vertrauen möge die Bürgerschaft — das ist der letzte Wunsch des Senates — in die neuen Verhältnisse eintreten und nach Tagen schwerer Noth und Trauer unter Gottes Schutz einer besseren Zukunft entgegengehen.

Frankfurt a. M., den 8. October 1866.

Bürgermeister und Rath."

Mit anerkennungswerther Liberalität traten einzelne Preßorgane und namhafte Persönlichkeiten für die Sache Frankfurts ein. So namentlich die in Düsseldorf erscheinende „Rheinische Zeitung", die Frankfurter „Europe", die „Neue Deutsche Zeitung", der Stuttgarter „Beobachter", die Wiener „Presse" u. A.

In Cöln war es vor Allen Herr Classen=Kappelmann, der sich der schwer heimgesuchten Stadt auf das wärmste annahm, zu einer Versammlung behufs einer zu Gunsten der Stadt an das Ministerium zu richtenden Bittschrift aufrief und in einer Reihe von Beschlüssen das Recht und die Wohlfahrt des Gemeinwesens zu vertheidigen suchte. In der Berliner Kammer sprach der Abg. Hartort ebenfalls warme Worte für Frankfurt.

Zwei von Classen=Kappelmann in der „Rheinischen Zeitung" veröffentlichte Artikel wollen wir hier für unsere Leser zum Wiederabdruck bringen:

I.

Frankfurt!

So eben lese ich in Nro. 30 des „Zollverein", Zeitschrift für Handel und Gewerbe, zugleich Organ des Handels= und Gewerbevereins für Rheinland und Westfalen, unter der Rubrik: „Wöchentliche Uebersicht" vom Dienstag den 24. Juli wörtlich:

„In Frankfurt aber herrscht eine Verwirrung sonder Gleichen ob der gewaltigen pekuniären Anforderungen, welche das siegreiche Preußen an seinen Seckel stellt. Sechs Millionen und nochmals 25 Millionen Gulden sind allerdings eine harte Strafe für den Mangel an politischem Verstande und für die bekannten preußenfresserischen Reden der guten Frankfurter. Seltsam aber ist es, daß man fast allgemein im Norden Deutschlands der freien Reichsstadt die Strafe gönnt, daß man im besten Falle ein bedauerndes Achselzucken hat, ohne sich weiter um die Hartbetroffenen zu eschauffiren. Die öffentliche Meinung ist menschlichen Ursprungs und setzt sich aus denselben physischen Elementen zusammen wie Ansicht und Gefühl des Einzelnen. So wird jener Mangel an Mitgefühl, zum Theil wenigstens, dem nicht gerade eblen Motive der Schadenfreude, zum Theil aber auch der Ueberzeugung zuzuschreiben sein, daß Frankfurt im Grunde nur einen Theil des gewaltigen Kapitals zurückerstattet, das es aus seinem unbegründeten Rufe, des deutschen Reiches Mittelpunkt zu sein, gezogen hat. Eine Ungleichheit oder Ungerechtigkeit, die man gegenüber der Behandlung der andern von Preußen occupirten Länder darin hat finden wollen, liegt aber insofern nicht vor, als die Summe der Naturalleistungen Hannovers, Hessens, Sachsens ꝛc. sich nach und nach auch auf Millionen beziffern wird und in Frankfurt, als einer Republik, weit eher die ganze Bevölkerung für die Sünden der Regierung verantwortlich gemacht werden kann, als in den andern genannten Staaten."

Der Verfasser spricht vom Norden Deutschlands — woher er diese Gesinnung im Norden kennt, weiß ich nicht; ob bei ihm das nicht gerade eble Motiv der Schadenfreude oder die andre Ueberzeugung vorwaltet, daß Frankfurt einen Theil des gewaltigen Kapitals zurückerstatten müsse, welchen es aus seinem unbegründeten Rufe als Mittelpunkt des Reiches gezogen hat, bleibt räthselhaft, aber jedenfalls mußte die ganze Bevölkerung gestraft werden, weil Frankfurt eine Republik war. So spricht der "Zollverein", das Organ des Handels- und Gewerbevereins für Rheinland und Westfalen, an dessen Spitze Herr Alex. v. Sybel steht, derselbe, welcher im vorigen Herbste, als der deutsche Handelstag in Frankfurt tagte, in einem schwungvollen Toaste dem Senat und der Handelskammer der freien Stadt seine Anerkennung aussprach. Die Delegirten der deutschen Handelskammern, vom Norden wie vom Süden, wurden damals gastlich und festlich von den Bürgern der freien Stadt aufgenommen; es herrschte kein Mißton zwischen Nord und Süd, die deutsche Fahne zierte als Symbol der deutschen Einheit den Saalbau und Alle waren voll Sympathie für das strebsame Bürgerthum der freien Stadt.

Nun, es ist dieselbe Stadt, die plötzlich mit ihrem Ruin bedroht ist. Es ist derselbe Senat, dieselbe Handelskammer, dasselbe Bürgerthum dieser Stadt, über deren Blühen in bürgerlicher Freiheit wir uns freuten, wie die Bürger jedes deutschen Landes und jeder deutschen Stadt sich über das Wohl anderer deutschen Länder und Städte freuen sollen. Frankfurt hat nichts gegen uns — das Volk — verbrochen. Der Krieg, welcher deutschen Boden mit Strömen deutschen

Blutes tränkt, ist weder von dem preußischen, noch von dem deutschen Volke der anderen Staaten herbeigeführt worden; das Volk hat sich laut und vernehmlich dagegen ausgesprochen, und der Handels= und Gewerbeverein wie die Handelskammern fehlten bei den Friedensadressen nicht. Was vermochte die wehrlose Stadt Frankfurt, der Sitz des deutschen Bundes, gegen den Krieg der Militärstaaten? Sie wollte ihr Recht, ihre Freiheit und Unabhängigkeit wahren — kann man ihr daraus einen Vorwurf machen? Wenn eine liberale Regierung in Preußen zur Bundesreform, zum Parlament aufgefordert hätte, hätten Frankfurt und die anderen deutschen Bevölkerungen sich dem widersetzt? Wäre dann nicht namenloses Unglück und Elend erspart worden? Der Grundsatz: Gewalt geht vor Recht, triumphirt; die siegreiche preußische Armee zog ohne Widerstand in die alte Bundesstadt, die 6 Millionen Gulden Contribution zahlte und von der noch 25 Millionen verlangt werden. Wie das Ausland diese Contribution beurtheilt, kann für uns nur beschämend sein, und was deutsche Vaterlandsfreunde dabei empfinden, das wiederzugeben verbieten die Preßgesetze und die Lage.

Ich denke, es ist bei allen verständigen deutschen Bürgern, im Norden wie im Süden, eine andere Empfindung als Mitleid, es ist weit mehr.

Wenn die Redaction des „Zollverein" meint, daß man der freien Reichsstadt die unerhörte Strafe gönne, so richte ich an dieselbe die Frage, was sie dazu gesagt haben würde, wenn das Kriegsglück sich anders gewendet, wenn eine süddeutsche Armee das Rheinland besetzt hätte, und wenn dann von der Stadt Düsseldorf, zur Strafe für den Mangel an politischem Verstand etwa 7 Millionen, von der Stadt Köln etwa 20 Millionen Thaler gefordert worden wären? Wie es mit Düsseldorf steht, weiß ich nicht, aber wir hier in Köln empfinden eine Schuldenlast von 2—3 Millionen schon sehr schwer. Nun, was Du nicht willst, das Dir geschehe, das sollst Du keinem Andern thun! Frankfurt hat keine Kugel auf die preußische Armee abgeschossen und ist besiegt; das ist sein Unrecht! In barbarischen Zeiten fröhnten die Sieger der Rache und dem Raube; die gesittete Welt verlangt Großmuth, die den Sieger ehrt. Frankfurt hatte eine freie Verfassung, wo Jeder seine Meinung in Wort und Schrift innerhalb der Gesetze frei äußern konnte; es war ein Asyl für das freie Wort, das sich oft vor den bekannten Paragraphen unsres

Strafgesetzes dorthin flüchtete. Als im vorigen Herbste die beiden Großmächte, welche sich jetzt feindlich bekämpfen, durch gleichartige Noten die Stadt Frankfurt aufforderten, die Versammlung des Abgeordnetentages nicht zu gestatten, hatte der Senat den Muth, den Drohungen der beiden Mächte gegenüber das Versammlungsrecht aufrecht zu erhalten. Die moralische Macht des Rechtes siegte und die liberale Welt zollte dem Senat Anerkennung. Ist es leider nicht zu verhindern, daß jenes freie Gemeinwesen unterdrückt wird, und daß man dasselbe auch materiell zu ruiniren sucht, so ist es doch das Aeußerste der Unwürdigkeit, mit schadenfroher Verunglimpfung über die darniedergetretene Republik herzufallen.

Soll die Stadt ruinirt werden, weil Fanatiker unter der Bevölkerung wohnten? Nun, Fanatiker gibt es allenthalben, im Norden wie im Süden; Fanatiker der Gewalt und Fanatiker der Freiheit. Der Reichthum und Wohlstand ist den Frankfurtern nicht geschenkt worden; sie haben ihr Capital nicht geraubt, so daß man ihnen etwa ungerechtes Gut abnähme; nein, ihr Wohlstand ist ein berechtigter, er ist die Frucht langer Arbeit, er ist der Lohn des Fleißes, der Intelligenz und Strebsamkeit. Daß ein Organ, welches vorwiegend die wirthschaftlichen Interessen des Zollvereins vertreten will, sich in einer so gehässigen Weise über das Unglück Frankfurts äußert, ist bedauerlich und widerspricht der Tendenz desselben. Die Redaktion möge die Frage beantworten, ob es wirthschaftlich nicht viel nützlicher wäre, wenn die 25 oder 31 Millionen deutschen Handel und Gewerbfleiß und die Steuerquellen befruchteten, als wenn sie unproduktiv in die Kriegskasse wandern? Das Frankfurter Capital und der Frankfurter Credit waren ein mächtiger Hebel für deutschen Handel und deutsche Industrie; wird dieses Capital und dieser Credit vernichtet, so trifft der Schaden nicht blos Frankfurt und Süddeutschland, sondern er trifft Preußen und besonders die rheinisch-westfälische Industrie. Alle Störungen, alle Requisitionen und Contributionen in den deutschen Landen schädigen unsere Interessen mit; die Produktions- und Consumtionskraft in unserem Handelsgebiet wird geschwächt und dadurch das Nationalvermögen erheblich geschädigt. Dies zur ferneren Beherzigung, wenn ein volkswirthschaftliches Blatt so gleichgiltig und wie zur Rechtfertigung darauf hinweist, daß die Naturalleistungen von Hannover, Sachsen, Kurhessen 2c. sich auch auf Millionen beziffern würden.

Auch die Kölnische Zeitung spricht heute in einer Correspondenz „Von der Mainlinie" auf eine empörende Weise von den Frankfurtern, bie sie mit Chinesen vergleicht. „Die Preußen sind etwas straffer und durchgreifender aufgetreten, als anderswo." So werden von der Presse Gewaltakte beschönigt, die kaum in den traurigsten Zeiten unserer Geschichte ihres Gleichen finden. Was zu Frankfurt selbst vorgeht, das bringt nicht in die Oeffentlichkeit, denn die Presse liegt in Banden. Mehrere Frauen aus den gebildeten Ständen sind aus Verzweiflung in Wahnsinn verfallen und in's Irrenhaus gebracht worden; der Bürgermeister Fellner, der den Ruin der Stadt nicht überleben mochte, vermachte den Strick, der seinem Leben ein Ende machte, dem General — so wird erzählt.

Bei dem Ausbruch des Krieges vernahm man mit Beruhigung, daß der Krieg nicht gegen die Völker, sondern nur gegen die Regierungen geführt werde; ja der Krieg sollte den Kurhessen sogar die freie Verfassung von 1831 und den Ungarn die Verfassung von 1848 bringen. Was hat er der Stadt Frankfurt gebracht, was bringt er uns und Deutschland? Diese Frage sollen wir bei dem Schicksal Frankfurts stellen! Können wir dem schrecklichen Duell deutscher Armeen nicht Halt gebieten, so ist es wenigstens die Pflicht der Presse, zwischen Nord und Süd versöhnend einzutreten; wir haben dasselbe Interesse des Friedens, der Einheit und der Freiheit; im Volks-Interesse liegt keine Scheidung! Keine Mainlinie, keine Trennung in Deutschland! Es ist ein Frevel an der Nation, wenn die Presse Haß und Erbitterung zwischen dem Volke von Nord und Süd ausstreut und dadurch die Zerreißung des Vaterlandes in den Gemüthern vorbereitet!

Köln, 27. Juli 1866.

Classen=Kappelmann.

II.

Frankfurt!

Nachdem die Kölnische Zeitung mit einem Leitartikel und einer gehässigen anonymen Annonce, deren Ursprung unschwer zu errathen ist, gegen diejenigen gewirkt hatte, welche sich der schwer bedrängten Stadt annahmen, krönt sie ihr Werk mit einem tendenziös entstellten Referat über die Bürgerversammlung, worin es an Ausfällen auf die „gemeine Presse" nicht gefehlt habe. Zur Ehre der Wahrheit und der Versammlung darf ich als Vorsitzender der letzteren der Entstellung gegenüber nicht schweigen. Das Wort „gemeine Presse" ist in der Versammlung nicht gefallen, sondern ich habe im einleitenden Vortrage ausgeführt, daß von einer Petition zu Gunsten der Stadt Frankfurt nun wohl abgesehen werden könne, weil nach den neuesten Nachrichten es fast unzweifelhaft erscheine, daß man an geeigneter Stelle von der exorbitanten Strenge Abstand nehme; angesichts der unwürdigen Haltung einiger Blätter, worin sich „gemeine" Schadenfreude und Rachsucht kund gebe, sei es aber nichts desto weniger unsere Pflicht, uns zu Gunsten der unglücklichen Stadt Frankfurt auszusprechen, damit man nicht sagen könne, wir billigten die verwerfliche Verunglimpfung und gemeine Schadenfreude. Allerdings war die Köln. Ztg. auch darunter zu verstehen, denn sie hatte sich nicht gescheut, in einer Correspondenz „von der Mainlinie" das gebildete Bürgerthum, die Frankfurter mit Chinesen zu vergleichen.

Daß in einem freien Staat, in welchem die Presse sich großer Freiheit erfreut, jede rechts- und freiheitsfeindliche Politik schonungslos beurtheilt wird, ist sehr natürlich; sollen die Bürger für die Preßfreiheit gestraft werden, so müßten wir in der Schweiz, in Belgien, England, Nordamerika, ja in Frankreich ganz gewaltige Contributionen erheben; der Londoner Punch und die Hamburger Wespen waren nicht weniger verletzend für unser System, als die Frankfurter Laterne; wie oft hat die Kölnische Zeitung nicht erwähnt, daß die Urtheile der auswärtigen Zeitungen über dies und das im Staate Preußen nicht mittheilbar wären.

In allerhand Formen hat man die öffentliche Meinung gegen Frankfurt aufzustacheln versucht; Hotelbesitzer sollten so fanatisch dumm sein, daß sie keine Preußen mehr aufnehmen wollten; aber Niemand hat sich gefunden, der die hohe Prämie der Frankfurter Hotels verdienen konnte, und damit war diese Verläumbung widerlegt. Zuletzt tauchte das alberne Märchen auf, Frankfurt hätte Oesterreich 25 Millionen zur Kriegführung zinsfrei angeboten, und es gibt Leute, die das glauben, wenn es in der Zeitung schwarz auf weiß zu lesen ist. Daß diese Nachricht unter die gehässigsten Erfindungen gehört, liegt aber auf der Hand, denn erstens hat Frankfurt wohl keinen Staatsschatz, wenigstens keinen von 25 Millionen, weil man weiß, daß das Kapital in den Comptoiren und Werkstätten fleißiger Bürger besser rentirt, als wenn es unprodultiv in einer Truhe liegt, und zweitens könnte ein solches Darlehen nicht ohne Beschluß des Senats und gesetzgebenden Körpers gemacht werden; davon ist aber nichts verlautet. Sollen einzelne Reiche ein solches Geschenk angeboten haben? Wer möchte das glauben, da die Herren zu klug sind, um ihr Geld zu solchem Zweck und an einen solchen Schuldner wegzugeben? Wäre das aber der Fall, nun so wende man sich an diese freigebigen reichen Bürger, für welche die arbeitsame Stadt nicht einzustehen hat. — Die Rubrik „Wie gelogen wird" hat in dieser aufgeregten Zeit überhaupt allzu reichlichen Stoff!

Während die Köln. Zeitung den Frankfurtern Preußenfeindlichkeit vorwarf, bringt die heutige Nummer (erstes Blatt) eine Nachricht, der zufolge Oesterreich in einer Note an den ältesten Bürgermeister Fellner Beschwerde über die preußenfreundliche Haltung der Stadt Frankfurt geführt habe.

Die Redaction des Blattes „Zollverein" in Düsseldorf weiß sich auf mein „phrasenhaftes und springendes Raisonnement" nicht anders zu helfen, als daß sie das Märchen von dem zinsfreien Darlehen von 25 Millionen auftischt. Wenn dieselbe Entgegnung aber meint, es wäre besser, wenn Frankfurt die 25 Millionen bezahlte, als wenn sie den Taschen der preußischen Steuerzahler entnommen würden, so führt der Satz zu der Consequenz, daß wir Krieg führen, um unsere Steuerlast zu erleichtern, indem wir andere Staaten mit Waffengewalt zwingen, für uns zu zahlen. Das widerspricht dem klar ausgesprochenen Zweck des deutschen Krieges, der Sitte, der Humanität und den wirthschaftlichen Grundsätzen, die eine gerechte Vertheilung der Steuer- und Kriegslasten verlangen.

Wer die Erklärung der drei Ehrenmänner von Heidelberg unbefangen würdigt, muß inne werden, wie ungerecht die Vorwürfe sind, die man auf die schwer heimgesuchte Stadt gehäuft hat. Wahr ist, daß die Frankfurter Verfassung eine Stätte der Freiheit inmitten mehr oder weniger reaktionärer Staaten darstellte. Dort tagte der Nationalverein, der für die preußische Spitze — also für das jetzige Regierungsprogramm — agitirte, eben so frei, wie weiland der großdeutsche Reformverein; dort tagten die Schutzzöllner und Zünftler eben so wohl, als die Freihändler und Anhänger der Gewerbefreiheit. Niemand wird behaupten, daß der freie Austausch der Ideen uns Schaden gebracht habe oder der Republik zum Vorwurfe gereiche. Die Freiheit, wie sie die freie Reichsstadt genoß, war ein Recht und ein sittliches Gut, wonach alle gebildeten Völker streben und wonach auch wir ringen. Diejenigen, welche dieses freie Gemeinwesen verdammen oder schadenfroh der Strafe von 25 Millionen Gulden das Wort reden, haben keine Ursache, sich über den Bundestag zu belustigen, denn er ließ wenigstens die Gerechtsame und Freiheiten der Stadt unangetastet.

Mag die Köln. Ztg., welche mit der Tagespolitik: „Macht vor Recht" mit vollen Segeln steuert, auch die sittliche Regung und Theilnahme für das Unglück der Stadt Frankfurt als Verblendung und „preußenfeindlich" denunciren — das darf uns nicht abhalten, der Versöhnung das Wort zu reden, denn sehr wahr sagen die Herren Professoren von Heidelberg: „Der gegenwärtige Moment fordert von jedem wahren Deutschen, daß er zur Milderung des Stammeshasses thue, was in seinen Kräften steht!"

Moralische Eroberungen sind ruhmreicher und segensreicher als die glänzendsten Waffenthaten!

Köln, 2. August 1866.

Claffen=Kappelmann."

Die in der erwähnten Versammlung zu Köln am 31. Juli verlesenen und angenommenen Resolutionen lauten:

In Erwägung 1) daß die freie Stadt Frankfurt als Sitz des deutschen Bundes nicht in der Lage war, einen anderen Weg einzuschlagen, als am Bundesrecht festzuhalten, welches ihre Unabhängigkeit und ihre freie Verfassung gewährleistet und auf welches ihre Interessen sie hinwiesen; 2) daß der Senat erklärt hat, daß er eine Umgestaltung der Bundesverfassung, die Einsetzung einer starken Centralgewalt und einer wirksamen Vertretung des gesammten deutschen Volkes für dringend geboten halte und sich freudig allen hierauf gerichteten Bestrebungen anschließe; 3) daß derselbe Senat die Bürgerschaft aufgefordert hatte, die preußischen Truppen freundlich aufzunehmen und daß die preußischen Armeen ohne Widerstand in die Stadt eingezogen sind; 4) daß die Stadt sich nicht activ am Krieg betheiligt und sich unter den Schutz des Völkerrechtes gestellt hatte; 5) daß die Stadt Frankfurt durch die Zahlung von 6 Millionen Gulden Contribution neben den beträchtlichen Lasten von Naturallieferungen und Einquartierung ihrem Umfange gemäß erheblich zu den Kriegskosten beigetragen hat; 6) daß die ferneren geforderten

25 oder 19 Millionen Gulden unerschwinglich oder finanziellem Ruin gleichzuachten sind; 7) daß die Capitalkraft und der Credit jener altberühmten Handelsstadt den deutschen Handel und Gewerbfleiß förbert und nährt und daß der Ruin von Frankfurt die süd- und nordbeutschen und also auch speciell preußischen Handels- und Industrie-Interessen schwer schädigen würde; 8) daß der Krieg gegen die Armeen und Regierungen und nicht gegen die Bevölkerungen geführt werden solle; 9) daß der Krieg an und für sich die wirthschaftlichen Interessen von ganz Deutschland durch die allgemeine Stockung von Handel und Arbeit beeinträchtigt und daß man diese unberechenbaren Nachtheile des bürgerlichen Erwerbes nicht durch die Zerstörung eines Handels-Emporiums unnöthig für die Folgezeit vermehren soll; 10) daß die unerhörte Bedrückung und Härte gegen die Stadt Frankfurt die Freude des Sieges trübt und einen Makel an den ruhmreichen Feldzug Preußens heftet, welcher in der Geschichte nicht verlöschen wird; 11) daß Großmuth den Sieger ehrt und 12) daß die exorbitante Bedrückung einer wehrlosen Stadt eine unversöhnliche und erbitterte Stimmung im Süden Deutschlands erzeugt und die Erfolge der Tapferkeit im In- und Auslande moralisch schwächt: aus diesen Gründen erklärt die Versammlung, daß das preußische und deutsche Volksinteresse der angedrohten Contribution und jeder weiteren Bedrückung der Stadt Frankfurt widerspreche — daß man wünschen müsse, daß das freie Gemeinwesen in der neuen Gestaltung Deutschlands seine hervorragende Stellung behaupte und zu stets größerem Flor zum Nutzen des nationalen Handels und Fleißes, der Kunst und Wissenschaft sich entwickele.

Auch die in Bremen erscheinende preußenfreundliche „Weser-Zeitung" brachte in ihrer Nummer vom 25. Juli (f. Nr. 7051 derselben) folgenden längeren Artikel wegen der angedrohten schweren Maßregel gegen die Stadt Frankfurt:

„Selbst neben den großen kriegerischen Ereignissen macht die enorme Contribution, welche die Preußen der Stadt Frankfurt auferlegt haben, eine tiefe und anhaltende Sensation. Man kann sich davon nirgends besser überzeugen, als bei uns. Wenn man inmitten der preußenfreundlichsten Bevölkerung über jene Maßregel starr vor Erstaunen ist, was für eine Stimmung mag sie dann in Gegenden erregen, wo man nicht so sehr geneigt ist, an alle Handlungen Preußens einen günstigen oder auch nur einen billigen Maßstab zu legen! Hier in Bremen war bei dem Eintreffen der Nachricht das erste Gefühl allgemein das des Unglaubens. Man hielt sie für eins der vielen Märchen, welche von einer geschäftigen particularistischen Clique in Umlauf gesetzt werden, um den Haß gegen Preußen anzustacheln oder um Preußens Anhänger irre zu machen. Oder wenigstens hielt man sie für eine arge Uebertreibung. „Es wird wohl eine Null zu streichen seyn," meinte man, und fand auch dann noch die erkannte Geldstrafe sehr anstandig.

Seitdem hat sich nun die Nachricht selbst im vollsten Umfang bestätigt. Die Stadt Frankfurt soll im Ganzeu 31 Mill. Gulden oder beinahe 18 Mill. Thaler an die Sieger auszahlen, ungerechnet die Naturallieferungen, welche für den Bedarf der durchziehenden und der Occupationstruppen zu leisten sind. Dies ist wohl die höchste Contribution, welche jemals einem eroberten Staate auferlegt worden ist. Wir glauben wenigstens nicht, daß selbst in der Geschichte der Napoleonischen Feldzüge ein Beispiel vorkommt, welches diesem sich an die Seite stellen ließe. Um die richtige Bedeutung der Auflage zu ermitteln, muß man die Summe in ihrem Verhältnisse zu der Bevölkerung und dem Vermögen der betroffenen Stadt betrachten. Der Frankfurter Staat hat ungefähr 87,000 Einwohner, von denen übrigens schwerlich mehr als 70,000 Frankfurter sein werden. Diese letzteren haben natürlich die Auflage allein zu erschwingen; die Fremden können nicht leicht herangezogen werden, es sei denn, daß sie Grundeigenthümer wären. Aber auch angenommen, die volle Zahl von 87,000 wäre zu belasten, so würde doch immer auf jeden Kopf eine Beisteuer von 356 Gulden oder 200 Thalern, auf jede durchschnittliche Familie von 1000 Thalern fallen.* Dieß

---

* Dieß ist indessen irrthümlich; am 3. December 1864 betrug die Bevölkerung des Staats Frankfurt ohne das Militär . . . 90,201 Seelen, davon waren Fremde . . . . 41,846 „
bleiben 48,355 Seelen.
Davon waren wiederum den Gemeinden angehörig 9938, so daß dem Frankfurter Bürgerverbande nur 38,417 Seelen (darunter männlichen Geschlechts 18,291 oder ca. 23%) verbleiben.

Die obige Forderung von 31 Millionen, nebst noch etwa 3 Millionen für geleistete Naturallieferungen, in Summa also 34 Millionen Gulden, auf die volle Zahl von 48,355 Seelen vertheilt, würde auf jeden Kopf eine Beisteuer von 703 Gulden, auf jede durchschnittliche Familie von 3515 Gulden repräsentirt eine Last größer als die englische Nationalschuld. Eine gleiche Contribution, auf Preußen gelegt, würde die colossale Summe von 3600 Millionen Thalern ergeben.

Nun ist es allerdings unrichtig, bloß nach der Kopfzahl Vergleichungen anzustellen. Frankfurt ist verhältnißmäßig viel reicher als Preußen. Es ist eine ungewöhnlich wohlhabende Stadt. Allein, wenn man auch diesen Umstand in Anschlag bringt, so bleibt doch immer die bemessene Summe ganz unverhältnißmäßig hoch. Der durchschnittliche Wohlstand Frankfurts zu dem Preußens soll sich wie 5 zu 0 verhalten (was gewiß viel zu hoch gerechnet ist), so würde immer noch Preußen nach diesem Maßstabe 720 Millionen Thaler zu zahlen haben. Dabei ist nicht zu vergessen, daß ein großer Theil des Frankfurter Reichthums sehr kosmopolitischer Natur ist. Die Millionen der Herren von Rothschild und vieler kleineren Börsenfürsten befinden sich nur zum sehr geringen Theile innerhalb der städtischen Machtsphäre. Wollten die Frankfurter Steuerbeamten über eine gewisse Grenze hinaus diese Millionäre tribuliren, so würden dieselben nach irgend einem anderen Börsenplatze — vielleicht nach Berlin — übersiedeln, sie sind sicher, überall mit offenen Armen aufgenommen zu werden. Die eigentliche Bürde fällt schließlich auf die an die Scholle gefesselte Bevölkerung, auf die Bürgersleute, die Hausbesitzer, die Mittelclasse. Es ist eine mäßige Annahme, wenn man sagt: die preußische Contribution entziehe der eigentlichen Frankfurter Bevölkerung die ganze Einnahme und den vollen Erwerb eines Jahres. Da in Bremen Einnahme und Erwerb eines Jahres in guten Zeiten etwa 25 Millionen Gulden beträgt, so ist obige Berechnung wohl noch kaum ungünstig genug.

Wir gehören nicht zu denen, welche im Kriege einer weichherzigen Großmuth das Wort reden. Krieg ist kein Kinderspiel, und wer ihn provocirt oder provociren hilft, muß die Folgen auf sich nehmen. Es ist ganz heilsam, daß die Bevölkerungen lernen, welche Solidarität zwischen den dummen Streichen ihrer Regierungen und ihren eignen Geldbeuteln besteht. Hätten sie das vor zwei Monaten beherzigt, so würde wahrscheinlich der Krieg gar nicht ausgebrochen oder doch jedenfalls der Bund neutral geblieben sein. Also haben wir an sich nichts dagegen einzuwenden, daß die Anstifter der großen

---

ergeben haben. Hierbei waren noch gar nicht die Lasten der starken Einquartierung in Frage gezogen.

Verschwörung gegen Preußen sammt ihren Freunden die Kosten ihres Frevels zu zahlen angehalten werden. Aber uns dünkt, auch in diesen Dingen sollte Willkür vermieden werden, sollte das Maß und die Gerechtigkeit walten. Und Gerechtigkeit und Maß vermissen wir in dem Vorgehen gegen Frankfurt, wenn nicht etwa unbekannte Gründe vorliegen, welche es rechtfertigen, gerade die eine Stadt vor so vielen anderen furchtbar zu züchtigen. Preßunfug und Pöbelgeschrei allein kann doch unmöglich, auch nach dem härtesten Codex, so exceptionelle Strafen motiviren. Der Frankfurter Senat hat jedenfalls eine harmlosere Rolle als Herr von Beust gespielt, und die Frankfurter Bürger thaten nichts Schlimmeres als die königlich sächsischen Unterthanen. Das ganze Königreich Sachsen aber zahlt nur 10,000 Thaler täglich an Preußen, mithin in einem halben Jahre etwa eben so viel, wie Frankfurt, weit kleiner als Dresden, in einer Woche.

Räthselhaft ist es übrigens wie die Frankfurter es anfangen sollen, die geforderte Summe baar zu entrichten, wenn nicht, wie zu erwarten, schließlich doch noch starke Ermäßigungen bewilligt werden. Wir können nämlich nicht umhin, anzunehmen, daß die ganze Maßregel ursprünglich in rein militärischen Kreisen, in denen eine übertriebene Vorstellung von den Geldmitteln in der Vaterstadt Rothschilds herrschen mag, entstanden sei, und daß man in diesen Kreisen die ausgeschriebene Summe für eine angemessene gehalten habe. Wenn dem so ist, so zweifeln wir nicht, daß die preußische Staatsregierung den Irrthum berichtigen wird.

In der Sitzung des Berliner Abgeordnetenhauses vom 7. September sprach der Abg. Harkort:

„Frankfurt scheint mir ein Rostflecken auf dem preußischen Ehrenschilde (Oh! oh! rechts) nach der Behandlung dieser Stadt. Es soll nicht gesagt werden, daß in diesem Hause sich keine Stimme für die vielgeschmähte Stadt erhoben habe (Sehr gut! links). Kaiser Tiberius sagte schon: Ein guter Schäfer scheert die Schafe, aber er verschlingt sie nicht. Wir sind auf dem umgekehrten Wege: Wir haben eine exorbitante Leistung gefordert und die Stadt an uns genommen. Das ist ungefähr die Methode der Helden des 30jährigen Krieges, nicht die einer civilisirten Nation im gegenwärtigen Zeitalter (Sehr gut! im Centrum). Frankfurt ist immerhin ein glänzender Punkt in der deutschen Geschichte, ein alter Sitz des deutschen Handels, der nie zurückblieb, wo es galt, mit freigebiger Hand öffentliche Dinge zu fördern. Frankfurt hat bei dem Hamburger Brande und bei dem Hungertyphus in Schlesien große Opfer gebracht. Eine solche Stadt hat nicht verdient, so behandelt zu werden."

Herr Abg. Classen-Kappelmann fügte dem stenographischen Sitzungsberichte über die Abstimmung wegen der Annexionsvorlage folgende Erklärung bei:

„Da durch den Schluß der Debatten die mündliche Motivirung meiner Abstimmung unmöglich war, so erlaube ich mir dem stenographischen Bericht die Gründe beizufügen, welche mich veranlaßten, gegen den Gesetz-Entwurf über die Vereinigung von Hannover 2c. mit Preußen zu stimmen.

Wenn ich nicht die geringste Neigung habe, mich für die durch den Krieg beseitigten Dynastien von Hannover, Kurhessen und Nassau zu interessiren oder gar deren Wiedereinsetzung zu wünschen, so kann ich doch nicht vergessen, daß in jenen Ländern gebildete deutsche Völker leben, die nicht wie eine willenlose Heerde behandelt werden dürfen. In den Proclamationen ist feierlich verkündet worden, daß der Krieg gegen die betreffenden Regierungen und keineswegs gegen die Völker geführt werde; sind die Fürsten entthront, so können die Völker deßhalb nicht ihrer Grundrechte und Freiheiten verlustig erklärt werden, um sie zeitweise der Dictatur zu unterwerfen.

Die für die Einverleibung angegebenen Gründe treffen für die freie Stadt Frankfurt nicht zu; denn diese Stadt hat am Kriege gegen Preußen keinen thätigen Antheil genommen, keine Kugel abgefeuert und keinen Widerstand geleistet, vielmehr die preußische Armee auf Aufforderung des hohen Senats freundlich aufgenommen. Auch wird Niemand ernstlich glauben, daß die wehrlose freie Stadt jemals der preußischen Großmacht in ihrer militärischen Aktion Hindernisse und Schwierigkeiten bereiten konnte. Ist das begründet, so kann ich nicht dafür stimmen, daß die alte Reichsstadt ihrer Freiheit beraubt werde, die sie seit 500 Jahren besessen und deren Verlust sie schwer verschmerzen könnte. Aus diesen Gründen kann ich für den Gesetz-Entwurf in der vorliegenden Fassung nicht votiren. —

Meine volle und freudige Zustimmung könnte ich nur einer solchen Aneignung geben, die außer den Ländern auch die Geister und Herzen freier deutscher Bürger gewinnt, und zwar nicht blos in den vier Staaten, sondern in ganz Deutschland. Eine solche Eroberung wird sich vollziehen, wenn das siegreiche Preußen in seinem Staatsleben von liberalen Grundsätzen durchdrungen ist; — wenn Recht und Freiheit als die höchsten sittlichen Ziele unseres Staates triumphiren, denen die große Macht dienstbar und förderlich ist. Ueber der Einheit steht mir die bürgerliche Freiheit.

Es sei uns erlaubt, hier noch folgendes der „Rheinischen Zeitung" von einem in literarischen Kreisen Deutschlands rühmlichst bekannten Manne zugegangenes Schreiben mitzutheilen:

„Frankfurt a. M., 6. August 1866.

Hochgeehrte Frau Professor!

Für Ihre freundliche Zuschrift vom 29. Juli und für die darin enthaltenen werthvollen Mittheilungen sage ich Ihnen den besten Dank. Ich war in dem Falle, dieselben zum Nutzen unserer Stadt verwenden zu können. Gleichzeitig hatte ich die Freude, ein günstiges Wort für Frankfurt an der vorzüglichsten Stelle anzubringen. Ein ausführlicherer Bericht, den ich am 25. unter dem Eindruck von Fellner's Tod über unsere Lage abfaßte, gelangte zu Händen Ihrer Majestät der Königin Augusta, die ihn im Original dem König nach Nikolsburg einsandte. Die Nachrichten, die ich darauf erhielt, bezeugen, daß die edle Königin nicht weniger als fünf Briefe zum Besten unserer Stadt ins Hauptquartier geschrieben, und daß man am 28. dort als constatirt betrachtete, es sei — wie ja in Wahrheit geschehen — die Drohung mit „Plündern und Beschießen" von Seiten des Generals v. M. ausgesprochen worden. Bekanntlich hat er diese Drohung auch einer Anfrage der hier noch anwesenden diplomatischen Persönlichkeiten gegenüber mündlich aufrecht erhalten, wenn auch nicht schriftlich bestätigt.

Daß die hier wohnenden Preußen eine von Dr. Wehrenpfennig trefflich abgefaßte Bittschrift für Frankfurt bei dem Fürsten von Hohenzollern eingereicht haben, ist Ihnen bekannt. Professor Simons und Kaufmann Möwes waren die Ueberbringer nach Düsseldorf. Es war namentlich darin auseinander gesetzt, wie sich unsere Bürgerschaft unausgesetzt gegen die preußischen Gäste wohlwollend und freundlich benommen habe, trotz mancher Meinungsverschiedenheit. Wozu Ihnen den Inhalt näher angeben! Sie wissen selbst, daß hier keinem Preußen und keiner Preußin ein Haar gekrümmt, ein böses Wort gesagt worden ist; Alles, aber auch Alles von oben bis unten systematisch erlogen. Auch das Benehmen gegen die Einquartierung war, wie wir mit Stolz sagen können, musterhaft. Die Frankfurter gaben mit ruhigem und gemessenem Wesen, aber mit gutem Willen und Zuvorkommenheit. Die braven rheinischen und westfälischen Landwehrmänner! Wie die meinigen sich verabschiedeten, um nach Franken vielleicht in den Tod zu ziehen, reichten sie uns die Hand, dankten für alles Gute und einer von ihnen, ein Seidenweber aus der Nähe von Crefeld, sagte: „Ihr seid aber arg angeschwärzt worden!"

Dagegen ist ein Landwehrmann aufs Irrenhaus gebracht worden und Dr. H. Hoffmann versichert aufs Bestimmteste, die Hauptursache sei die Befürchtung, die er sich in den Kopf gesetzt, er werde in Frankfurt vergiftet werden. So verläumdet man eine Stadt, der es an Gastlichkeit, Wohlthätigkeit und Gefühl für Gesammt-Deutschland keine zuvorthut. Sie wissen wohl, daß Fürst Hohenzollern jene Petition mit einer lebhaften Befürwortung begleitet hat, daß auch Prinz Waldemar-Holstein und Andere, die Süddeutschland und namentlich Frankfurt kennen, sich mit thätigem Eifer für uns verwenden."

Das „Frankfurter Journal" brachte in seiner Nummer vom 7. August (Beilage zu No. 218) folgenden aus Frankfurt datirten Artikel, den das genannte Blatt aufnehmen zu müssen glaubte:

„In der heutigen Nummer (216) des „Frankf. Journ." findet sich unter = Frankfurt, 4. August, ein Correspondenzartikel, welcher es sich zur Aufgabe macht, die in verschiedenen Blättern, namentlich auch in der „N. Allg. 3." und in der „Hamb. B.-H.", gegen das bisherige Verhalten Frankfurts gerichteten Anklagen, die der Herr Verfasser als verdammenswerthe „systematische Hetzereien" kennzeichnet, zu widerlegen, oder richtiger, sie einfach abzuleugnen. Es läßt sich erwarten, daß dieser mit großer Sicherheit auftretende Artikel die Runde in der deutschen Presse machen wird, und es ist daher nöthig, einige berichtigende Bemerkungen daran zu knüpfen. Wenn das Sündenregister Frankfurts rückwärts bis zu der grauenhaften Ermordung der preußischen Abgeordneten Lychnowsky und Auerswald aufgeschlagen wird, so geschieht dieß nicht, um Einwohner Frankfurts der directen Urheberschaft oder Theilnahme an diesen Mordthaten zu zeihen, sondern man wies nur auf ein Ergebniß der schwurgerichtlichen Verhandlungen hin, aus denen ersichtlich ward, daß allerdings gewisse Complicen ohne einflußreiche Begünstigung von hier nicht entwischen konnten. Das traurige Ereigniß, welches man gern der Vergessenheit übergeben möchte, hat für die Gegenwart eine neue Bedeutung, indem es das erste grelle Licht auf die allmälig in dieser Republik entstandenen politischen und socialen Gebrechen wirft. Die revolutionäre Meinung der Massen hatte sich allgemach vorherrschende Geltung erzwungen, die Macht des Senates wurde ein Schatten. Zeugniß davon gibt die Gesetzgebung Frankfurts von 1850 bis heute, eine Gesetzgebung, welche die Executive so gut wie beseitigt und deren Tendenz jedes Staatswesen schließlich zu Grunde richten muß. Von daher rühren die berüchtigten Preßzustände Frankfurts, deren Producte, aus der Hefe einer rothen Demokratie hervorgehend, mit instinctiver Abneigung sich gegen Preußen, als den Hort der Ordnung in Deutschland, richteten. Majestätsbeleidigungen, Schmähungen der Behörden, Beleidigungen und Verleumdungen der Personen, und Alles das in bisher unerhörter Maßlosigkeit, waren in dem überwiegenden Theil der Tagespresse das tägliche Brod. Aus der jüngsten Zeit ist noch nicht vergessen, daß ein hiesiges, an der Spitze des literarischen Jakobinerthums marschirendes Blatt die hochherzige Proclamation Sr. Majestät des Königs an die in's Feld rückende brave Armee mit der elenden Ueberschrift brachte: „Neueste preußische Lüge!" So kennzeichneten sich die hiesigen Zustände. Sie waren die Signatur der völligen Machtlosigkeit und Schwäche des Senates. Es sei ferne von uns, diesem Collegium ehrenwerther Männer irgend zu nahe treten zu wollen; sie haben das Gute gewollt, aber leider, mit gebundenen Händen, das Schlechte nicht verhindern können. Gewohnt, dem Terrorismus von unten nachzugeben, vermochte der Senat nicht dem Terrorismus von oben zu widerstehen, der seit der Occupation Frankfurts durch die Bundestruppen auf ihm lastete. Es folgten nun die Gewalthandlungen dieses traurigen Militärregiments, völkerrechtswidrige Handlungen, für welche der Senat verantwortlich wurde, weil er nicht die Kraft hatte, vor

Europa dagegen zu protestiren. Noch hatte Preußen nicht aus der Abstimmung des Senates vom 14. Juni kriegerische Consequenzen gezogen, noch war hier der preußische Vertreter accrebibirt geblieben. Trotzdem widersetzte der Senat sich nicht, als die Besetzung der auf Staatsverträgen basirenden preußischen Telegraphenstation und die gewaltsame Vertreibung der Beamten dictirt wurde. Es ist allerdings unwahr, daß auch preußische Frauen aus Frankfurt officiell verwiesen wurden; aber es ist Thatsache, daß Insulte des souveränen Pöbels Viele zur Flucht zwangen. Die Gattin eines früher hier garnisonirenden Offiziers, welche jeden Tag ihrer Entbindung entgegen sah, wurde erbarmungslos derartig insultirt und bedroht, daß sie auf alle Gefahr hin Frankfurt verließ. Es ist ferner notorisch, daß städtische Polizeidiener in den Wohnungen preußischer Gesandtschaftsbeamten erschienen, um sie vorzuladen. Diesen Bruch der völkerrechtlichen Exterritorialität mag ein einzelner Beamte verschuldet haben; aber, weil er nicht desavouirt wurde, fällt auf den Staat Frankfurt der Vorwurf, daß er sich vollbewußt in den Kriegszustand gegen Preußen versetzt hatte. Selbst nichtpreußische Personen, die man glaubte, nur einer Hinneigung zu Preußen verdächtigen zu können, wurden ohne Anklage und Beweis aus der „freien" Stadt ausgewiesen. Die Namen sind hier allseitig bekannt. Es ist sehr billig, die Ableugnung hinterher auf Nebenumstände zu gründen. Diese sind unerheblich und alteriren die Sache nicht. So ist es freilich uncorrect, wenn gesagt wird, die aus Frankfurt ausmarschirenden preußischen Truppen seien beschimpft worden. Es liegt auf der Hand, daß preußische Truppen sich nicht ungestraft insultiren lassen werden. Aber es ist Thatsache, daß einzelne Soldaten, welche hier krank im Lazareth zurückgeblieben waren, bei ihrem Abmarsch nach dem Bahnhof derartige Insulte von dem Pöbel zu erleiden hatten, daß ein Offizier des Frankfurter Contingentes mit einigen begleitenden Mannschaften herbeieilte, um sie zu decken. Aehnliche Thatsachen und die Beweise dafür liegen mehrfach vor. Sie kennzeichnen die Gesammtstimmung, welche die des Hasses und der Geringschätzung gegen Preußen war. Die preußischen Familien, welche in den letzten Jahren hier lebten, haben es gar bitter empfinden müssen, wie der Frankfurter Hochmuth sie gesellschaftlich in Vehm und Acht that, so daß sie sich vereinsamt in ihr Hauswesen zurückzogen; und wenn man auch hier wieder mit Recht einwenden mag, daß doch nicht a l l e davon betroffen wurden, so traf es doch sicherlich Diejenigen, welche nicht so selbstvergessen waren, mit den Frankfurter Wölfen zu heulen. Und so ist es denn die Erfüllung einer Gewissenspflicht, wenn hiermit erklärt wird, daß es sich in den Zeitungen, welche so einstimmig Frankfurt jetzt anklagen, keineswegs um „systematische Hetzereien", sondern, abgesehen von einzelnen Unrichtigkeiten im Großen und Ganzen, um die Constatirung einer sehr großen und sehr begründeten Schuld handelt, an deren Sühne nun freilich mit der großen Menge der Schuldigen auch die Minorität der Nichtschuldigen zu tragen hat."

In der ersten Beilage desselben Blattes vom 11. August (Nro. 222) erfolgte dann folgende Erwiederung:

„An verehrliche Redaction des Frankfurter Journals!

Ihre Beilage vom 7. August b. J. enthält einen Artikel über die „Sünden" Frankfurts, der wohl überhaupt nicht ohne Widerlegung bleiben wird; nur über eine der angeblichen Sünden erlaubt sich Unterzeichneter, seiner persönlichen Kenntniß halber, das Folgende zu bemerken: Ihr Herr Einsender vom 7. b. gibt nämlich u. A. an, daß die Gemahlin eines preußischen Hauptmanns der Art erbarmungslos insultirt und bedroht wurde, daß sie, ihrer Niederkunft nahe, von hier flüchtete. Die Insulten und Bedrohungen bestehen aber in zwei anonymen Briefen an jene Dame, die von niederer Hand, vielleicht von einem entlassenen Dienstboten oder Jemanden dergleichen, geschrieben waren, von denen aber Niemand wird behaupten können, daß sie von Frankfurtern herrührten. Frankfurter Bürger aber waren es, die Mitbewohner desselben Hauses nämlich und die Nachbarschaft, welche der durch die anonymen Drohungen beängstigten Dame ihren Schutz gegen jeden Exceß versprachen, sie auf alle Art zu beruhigen und zu unterstützen suchten, und ihr für den Fall, daß sie sich in ihrer Wohnung verlassen fühle, die eigenen Wohnungen zum einstweiligen Aufenthalt anboten. Ebenso hat ein Polizeibeamter, an den sich die Dame wegen der Briefe wandte, ihr zwar eröffnet, daß es der Polizei wohl nicht möglich sei, irgend einen Exceß absolut von vornen herein zu verhindern; dieser Beamte aber hat, als ein Bekannter ihres Ehemannes, die Dame ernstlich und dringend ersucht, sie möge, wenn sie sich allzu beunruhigt fühle, zu ihm und zu seiner Familie ziehen, wo sie unbedingt geschützt sei.

Andere mögen nun beurtheilen, ob sich die Frankfurter durch diese Sünde Dank oder Undank verdient haben.

Hochachtungsvoll ergebenst
Dr. jur. Ebner.

Frankfurt a. M., den 9. August 1866.

Wir haben schließlich nur noch darauf hinzuweisen, daß sich in Frankfurt während der ganzen Dauer des Krieges ein aufopferungsfähiger Sinn für die Pflege der während des Feldzugs erkrankten oder verwundeten Krieger, ohne Rücksicht, welcher der streitenden Partheien sie angehörten, kundgegeben hat, und verweisen dieserhalb auf die in den Anlagen B., C., D. und E. mitgetheilten Aufrufe und fügen hier noch bei, daß in der am 1. October von dem **Verein zur Pflege kranker und verwundeter Krieger** abgehaltenen Generalversammlung der Vorsitzende des Comités, Herr Dr. med. Spieß sen. constatiren konnte, daß die Gesammteinnahme des Vereins 26,746 fl. betragen habe, wovon sich noch ein verfügbarer Rest von 997 fl. in Casse befand. Auf Antrag des Vorstandes und im Hinblick auf die provisorischen Verhältnisse des Vaterlandes, die leider noch nicht zu der Hoffnung eines lange andauernden Friedens berechtigen, beschloß der Verein, sich nicht aufzulösen, sondern auf Grund neu zu entwerfender Statuten fortzubestehen, zumal das Inventar erhalten und untergebracht werden und man auch auf die Zukunft gerüstet sein müsse. Schließlich berichtete Herr Geistl. Rath Thissen, daß in Folge seines Aufrufes, für die Opfer des Krieges Kopfkissen zu spenden, über 400 Kissen eingegangen und in den Lazarethen des Obermains vertheilt worden seien. Er schloß seinen Bericht mit den Worten: „Frankfurt hat bewiesen, daß es Anderen eine gute Lagerstätte bereiten kann, wenn es auch selbst schlimm gebettet ist. Wenn auch die politische Freiheit von ihm genommen ist, die Freiheit auf dem Gebiete der Wohlthätigkeit läßt Frankfurt sich nicht nehmen."

Anlage A.

Am 10. Juni gingen den deutschen Regierungen nachstehende Grundzüge einer neuen Bundesverfassung zur Erwägung zu:

Art. I. Das Bundesgebiet besteht aus denjenigen Staaten, welche bisher dem Bunde angehört haben, mit Ausnahme der kaiserlich österreichischen und königlich niederländischen Landestheile.

Art. II. Die gesetzgebende Gewalt des Bundes wird auf denjenigen Gebieten, welche derselben zugewiesen sind, von dem Bundestage in Gemeinschaft mit einer periodisch zu berufenden Nationalvertretung ausgeübt. Zur Giltigkeit der Beschlüsse ist die Uebereinstimmung der Mehrheit des Bundestages mit der Mehrheit der Volksvertretung erforderlich und ausreichend.

Art. III. Die Umgestaltung des Bundestages ist unter den Bundesregierungen und mit dem nach dem preußischen Antrage vom 9. April zu berufenden Parlamente zu vereinbaren. So lange bis dies geschehen sein wird, bleibt das Stimmverhältniß, welches für die Mitglieder des Bundes auf dem bisherigen Bundestage giltig war, in Kraft.

Art. IV. Die Nationalvertretung geht aus directen Wahlen hervor, welche nach den Bestimmungen des Reichswahlgesetzes vom 12. April 1849 vorzunehmen sind.

Art. V. Die Bundesstaaten bilden ein gemeinsames und einheitliches Zoll- und Handelsgebiet, in welchem die Errichtung von Freihäfen vorbehalten bleibt.

Art. VI. Der Gesetzgebung und Oberaufsicht der Bundesgewalt unterliegen die nachstehenden Angelegenheiten:
1) Die Zoll- und Handelsgesetzgebung.
2) Die Ordnung des Maß-, Münz- und Gewichtssystems, nebst Feststellung der Grundsätze über die Emission von fundirtem und unfundirtem Papiergelde.
3) Die allgemeinen Bestimmungen über das Bankwesen.
4) Die Erfindungspatente.
5) Der Schutz des geistigen Eigenthums.
6) Die Bestimmungen über die Freizügigkeit, Heimaths- und Ansiedlungsverhältnisse, den Gewerbbetrieb, die Colonisation und Auswanderung nach außerdeutschen Ländern.

7) Organisation eines gemeinsamen Schutzes des deutschen Handels im Auslande, der deutschen Schifffahrt und ihrer Flaggen zur See und Anordnung gemeinsamer consularischer Vertretung, welche vom Bunde ausgestattet wird.

8) Das gesammte deutsche Eisenbahnwesen im Interesse der Landesvertheidigung und des allgemeinen Verkehrs.

9) Der Schifffahrtsbetrieb auf den mehreren Staaten gemeinsamen Wasserstraßen, sowie die Fluß- und sonstigen Wasserzölle.

10) Das Post- und Telegraphenwesen.

11) Die gemeinsame Civilproceßordnung und das gemeinsame Concursverfahren.

Art. VII. Die Bundesgewalt hat das Recht, Krieg zu erklären und Frieden, sowie Bündnisse und Verträge zu schließen, in völkerrechtlicher Vertretung des Bundes Gesandte zu ernennen und zu empfangen. Die Kriegserklärung hat bei feindlicher Invasion des Bundesgebietes oder bei kriegerischem Angriff auf dessen Küsten unter allen Umständen zu erfolgen, in den übrigen Fällen ist zur Kriegserklärung die Zustimmung der Souveräne von mindestens zwei Drittheilen der Bevölkerung des Bundesgebiets erforderlich.

Art. VIII. Die Kriegsmarine des Bundes mit den erforderlichen Hafen- und Schifffahrtsanlagen wird nach folgenden Grundsätzen errichtet: Die Kriegsmarine der Nord- und Ostsee ist eine einheitliche unter preußischem Oberbefehl. Bei Ernennung der Offiziere und Beamten concurriren die Küstenstaaten auf Grund besonderer Vereinbarungen. Der Kieler und der Jahdehafen werden Bundeskriegshäfen. Als Maßstab der Beiträge zur Gründung und Erhaltung der Kriegsmarine und der damit zusammenhängenden Anstalten dient im Allgemeinen die Bevölkerung unter Feststellung eines Präcipuums zu Lasten der Uferstaaten und Hansestädte nach Maßgabe des Lastengehalts der Handelsmarinen der einzelnen Staaten. Ein Bundesmarinebudget wird nach diesen Grundsätzen vereinbart. Das Anwerben der Matrosen und Mannschaften für die Bundeskriegsmarine wird durch ein Gesetz geregelt, welches zugleich die Verpflichtung für jeden einzelnen Uferstaat feststellt, für Deckung des Bedarfs pro rata des Lastengehalts der Handelsmarine aufzukommen. Durch dasselbe Gesetz wird der Maßstab festgestellt, nach welchem die Mannschaftsgestellungen für die Marine auf diejenigen des Landesheeres des Bundes in Abzug gebracht werden.

Art. IX. Die Landmacht des Bundes wird in 2 Bundesheere eingetheilt, die Nordarmee und die Südarmee. In Krieg und Frieden ist Se. Majestät der König von Preußen Bundesoberfeldherr der Nordarmee, Se. Majestät der König von Bayern Bundesoberfeldherr der Südarmee. Jeder der beiden Bundesoberfeldherren hat das Recht und die Pflicht, dafür Sorge zu tragen, daß innerhalb der von ihm befehligten Armee die bundesbeschlußmäßigen Contingente vollzählig und kriegstüchtig vorhanden sind, und daß die nothwendige Einheit in der Organisation, Formation, in Bewaffnung und Commando, in der Ausbildung der Mannschaften, sowie in der Qualification der Offiziere hergestellt wird. Das Recht unter Voraussetzung übereinstimmender Vorbildung bis zur Grenze des eigenen Contingentes die Offiziere zu ernennen, steht jeder Regierung zu, diejenigen Commando's, unter welchen mehr als ein Contingent steht, besetzt der Oberfeldherr. Dieselben müssen auch im Frieden jederzeit besetzt und in Function sein, nach Maßgabe der Heereseintheilung, wie sie bisher in der preußischen, resp. bayerischen Armee stattfindet, so daß mindestens für je 3 Bataillone 1 Regimentscommandeur, für höchstens 3 Regimenter 1 Brigadecommandeur, für je 2 Brigaden 1 Divisionär und für jedes Corps der Bundesarmee der commandirende General jederzeit in Function ist. Der Oberfeldherr hat das Recht, in den nach seiner Ueberzeugung dringenden Fällen die kriegsbereite Aufstellung jedes Theiles der von ihm befehligten Bundesarmee innerhalb des Gebietes der letzteren, vorbehaltlich späterer Genehmigung durch Bundesbeschluß, anzuordnen und verpflichten sich die Bundesregierungen, eine solche Anordnung in Betreff ihrer Contingente unverzüglich auszuführen. Für jedes der Bundesheere wird ein gemeinschaftliches, mit der Nationalvertretung zu vereinbarendes Militärbudget für Feldarmee und Festungswesen, aus Matricularbeiträgen der zu dem betreffenden Heere ihre Truppen stellenden Regierungen gebildet. Die Höhe der Matricularbeiträge richtet sich nach der Bevölkerung der betreffenden Staaten. Die Verwaltung jedes der beiden Bundesmilitärbudgets wird unter Leitung des Oberfeldherrn von einem, aus Vertretern der beitragenden Regierungen gebildeten Bundeskriegsrath geführt und hat der Nationalvertretung jährlich Rechnung abzulegen. Jede Regierung leistet selbst die Auslagen für die von ihr gestellten Truppen, vorbehaltlich gemeinsamer Abrechnung nach Maßgabe der Beitragspflicht. Ersparnisse an dem

Militärbudget, mögen sie an den Gesammtausgaben oder an denen für die einzelnen Contingente gemacht werden, fallen unter keinen Umständen der einzelnen Regierung, welche sie macht, sondern dem für jede der beiden Bundesarmeen gemeinsamen Bundeskriegsschatze zu. Die Controle des letzteren steht der Nationalvertretung zu.

Art. X. Die Beziehungen des Bundes zu den deutschen Landestheilen des österreichischen Kaiserstaates werden nach erfolgter Vereinbarung über dieselben mit dem zunächst einzuberufenden Parlamente durch besondere Verträge geregelt werden.

Dieser Entwurf war von folgender Circulardepesche begleitet:

Unser Antrag am Bunde vom 9. April d. J. auf Berufung eines Parlaments zum Zwecke der Bundesreform hat trotz der Mahnung, welche im Ernste der Verhältnisse lag, den von uns im Interesse des Friedens bringend gewünschten Erfolg nicht gehabt. Der bisherige Gang der Verhandlungen läßt vielmehr kaum hoffen, daß im Neuner-Ausschusse, in welchem wir den Inhalt unserer Reform-Vorschläge angedeutet haben, der Antrag noch eine rechtzeitige Erledigung finden werde. Wir wenden uns daher nunmehr unmittelbar an unsere Bundesgenossen und legen ihnen die Grundzüge zu einer neuen Bundesverfassung mit der Bitte vor, sie einer sorgfältigen Erwägung unterziehen und sich zugleich über die Frage schlüssig machen zu wollen, ob sie eventuell, wenn in der Zwischenzeit bei der drohenden Kriegsgefahr die bisherigen Bundesverhältnisse sich lösen sollten, einem auf der Basis dieser Modification des alten Bundesvertrages neu zu errichtenden Bunde beizutreten bereit sein würden.

Ew. Wohlgeboren ersuche ich ergebenst, der Regierung, bei welcher Sie beglaubigt zu sein die Ehre haben, ein Exemplar der Grundzüge nebst Abschrift dieser Depesche gefälligst mittheilen zu wollen.

Berlin, 10. Juni. (Gez.) Bismarck.

Anlage B.

An Frankfurts Bürger- und Einwohnerschaft.

Die Pflege verwundeter und kranker Krieger, deren Unzulänglichkeit trotz der von den Regierungen darauf verwendeten Sorgen größere Sterblichkeit als selbst das Schlachtfeld verursacht hat, erfordert, wenn sie einer wahrhaften Humanität entsprechen soll, eine umfangreiche Mitwirkung des Volkes. Durch die in den jüngsten Tagen gegebenen Anregungen, hat eine darauf zielende Thätigkeit bei der Bürger- und Einwohnerschaft unserer Stadt bereits begonnen und Frankfurt wird gewiß leisten, was bei seinen Verhältnissen und bei seiner Stellung im deutschen Vaterland erwartet werden kann. Um aber ein gebeihliches Resultat herbeizuführen, thut eine Organisation aller hier thätigen Kräfte Noth; das Zusammenwirken mit den betreffenden staatlichen und militärischen Behörden wird dadurch erleichtert und eine weise Verwendung der disponiblen Mittel ermöglicht. Die Unterzeichneten glauben auf die Zustimmung ihrer Mitbürger rechnen zu dürfen, da sie sich zu einem **provisorischen Central-Comité für die Bedürfnisse verwundeter und kranker Krieger** constituirt haben. Indem wir uns vorbehalten, durch Heranziehung geeigneter Persönlichkeiten für die einzelnen Zweige der hier zu entfaltenden Thätigkeit in Verbindung mit schon bestehenden Vereinigungen Special-Comité's zu bilden und der Einwohnerschaft die erforderlichen Mittheilungen zu machen, erlauben wir uns vorerst die Bitte an Einzelne und Sammelvereine, daß man uns zunächst durch baldige Einsendung von Geldbeiträgen, Verbandmaterial und Labemitteln in Stand setzen wolle, rasch und energisch an das Werk zu gehen, damit frühzeitig die Vorkehrungen getroffen werden, welche das Heil kranker Krieger ohne Unterschied der Staatsangehörigkeit erfordert.

Die beßfallsigen milden Gaben können bei Jedem der Unterzeichneten abgegeben werden.

Frankfurt a. M., den 24. Juni 1866.

Dr. W. Auerbach. Dr. J. Bärwind. F. Berger. M. von Bethmann. Dr. J. H. Bockenheimer. Ph. A. Böhm. C. Bolongaro. W. Brofft jun. R. Engelbard. F. Fabricius. C. Fertsch. Dr. A. Friedleben. W. Fuchs. J. W. Greb. C. M. Gumprich. J. G. Hartmann. C. Hoff. Dr. H. Hoffmann. A. Jörges. C. Immanuel. L. Jung-Hauff. F. A. Jungs. J. A. Kißler. G. Knecht. Th. Körber. Ph. Krell. G. W. Martini. Dr. J. J. A. Matti. M. May. Dr. G. C. F. Melber. J. von Moers. Oberpostamts-Sekretär Müller. Dr. R. F. Neubürger. M. A. Peiser. C. Pollitz. C. Rande jun. M. Reiß. Dr. P. H. C. Ripps. L. Rhumbler. Fahrpost-Inspector Schmidt. Pfarrer J. H. L. Schrader. J. Ph. Schwager sen. W. J. Seelig. Dr.

G. A. Spieß. Dr. S. Stern. W. Strauß-Humbert. Geistl. Rath E. F. Thissen. M. Thomas. E. Ullmann. C. Wagner. J. A. Weber-Minz. C. Weber. Pfarrer A. Wehner. Dr. H. Weismann.

Anlage C.

Aufruf.

Nachdem unser Vaterland von dem schwersten aller Leiden, dem Bürgerkriege heimgesucht worden ist, haben die Unterzeichneten es für Pflicht gehalten, einen Verein zu gründen zur Pflege und Unterstützung im Felde erkrankter oder verwundeter Krieger.

Die zu sammelnden milden Gaben sollen ohne Unterschied ob Freund oder Feind Jedem zufließen, welchem die rettende oder helfende Hand auf dem Schlachtfelde gereicht werden kann.

Frankfurts Bewohner haben zu allen Zeiten bewiesen, daß sie gern und freudig helfen, wo es gilt, unverschuldetes schweres Leiden zu lindern.

Die Unterzeichneten wenden sich deshalb mit vollem Vertrauen an den bewährten milbthätigen Sinn ihrer Mitbürger, indem sie Gaben der Liebe für erkrankte oder verwundete Krieger erbitten.

Mit Bezugnahme auf die aus dem Hauptquartier des achten Bundesarmeekorps am 28. Juni ergangene Bekanntmachung werden die Unterzeichneten die Uebermittelung der Gaben an das gedachte Hauptquartier erfolgen lassen, welchem verschiedene Herren, unter Leitung des General-Majors Grafen von Görtz zur besonderen Dienstleistung für Kranke und Verwundete beigegeben sind. Ihnen wird auch die Verwendung der Gaben zu überlassen sein. Zu ihrer Unterstützung sind Diaconissinnen und barmherzige Schwestern in beträchtlicher Anzahl bereit, augenblicklich den Pflichten ihres Berufs im Lager nachzugehen.

Als Gegenstände der Sammlung werden Lazarethgegenstände aller Art, Matratzen, Bettzeug, Hemden, wollene Decken, Leinwand, Charpie, stärkende Weine, Cigarren und baares Geld bezeichnet.

In Uebereinstimmung mit den in der obigen Bekanntmachung aus dem Hauptquartier des achten Armeekorps dargelegten Ansichten sprechen die Unterzeichneten gern die Zuversicht aus, daß in einem Falle, wo es sich um die Erreichung patriotischer Bestrebungen und nicht um einen Wettkampf des Ehrgeizes handelt, die sämmtlichen zu dem oben gedachten Zweck hier gebildeten Vereine bereit sein werden, sich gegenseitig zu unterstützen und den Beweis zu liefern, daß die zu lösende Aufgabe nur darin besteht, daß die nöthige Hilfe überhaupt in ausreichendem Maße geleistet wird.

Die Unterzeichneten haben für ihre Thätigkeit ein Lokal im Saalbau gewählt, wo die zu sammelnden Gaben abgeliefert werden können; über die erfolgte Ablieferung wird in öffentlichen Blättern der Empfang bescheinigt werden.

Frankfurt a M., den 29. Juni 1866.

Der Verein zur Pflege und Unterstützung im Felde erkrankter und verwundeter Krieger:

Freiherr von Ziegesar. Freiherr von Bose. Louis Brentano. Freiherr Moritz von Bethmann J. A. du Fay. Moritz Sontard. E. Grunelius. E. von Günderrode. M. von Günderrode. von Heimbruch. Freiherr von Lübeck. J. Königswarter. Freiherr von Leonhardi. Freiherr von Linden. von Meyer. W. Metzler. von Mohl. Hermann Mumm. Freiherr E. von Rothschild. Freiherr W. von Rothschild. Freiherr von Schele. Freiherr von Schrenk.

Anlage D.

Bekanntmachung.

Da vielleicht in den nächsten Tagen der traurige Fall eintreten könnte, eine größere Anzahl verwundeter oder erkrankter Offiziere und Soldaten hier ankommen zu sehen und zur Unterbringung derselben, ungeachtet der bereits getroffenen vorsorglichen Maßregeln, es dennoch an Unterkunft gebrechen dürfte, so stellt das unterfertigte Obercommando an die sehr verehrliche durch ihren bekannten Wohlthätigkeitssinn sich auszeichnende Einwohnerschaft der freien Stadt Frankfurt das ergebenste Ansuchen, im Falle Familien bereit wären, verwundete oder kranke Offiziere und Soldaten in ihren Wohnungen in Pflege nehmen zu wollen, dieses gefälligst schriftlich anher mitzutheilen.

Frankfurt, 1. Juli.

Das Obercommando.

Anlage E.

Schleunige Hülfe — doppelte Hülfe.

In der zum Lazareth eilends eingerichteten Kaserne zu Aschaffenburg, wo mehr als 400 Verwundete liegen, mangelt es, nach wiederholt hierher gelangten schriftlichen und persönlichen Benachrichtigungen, an Kopfkissen. Mehr als die Hälfte der Betten entbehren eines solchen. Die Anschaffung oder Anfertigung derselben würden theils bedeutende Kosten, theils geraume Zeit in Anspruch nehmen; aber leicht und schnell kann geholfen werden, wenn einzelne Familien je ein Feder- oder Roßhaarkissen aus ihrem Vorrath spenden wollten.

Ich habe das Vertrauen zu den wohlthätigen Bewohnern Frankfurts, daß die an sie gerichteten dringenden Bitten nicht fruchtlos sein werden. Ich erbiete mich zur Empfangnahme einzelner Kopfkissen und will dieselben persönlich nach Aschaffenburg in die Hände der das Lazareth besorgenden barmherzigen Schwestern bringen. Möchte ich schon am morgigen Tage den armen Kranken diese zu lange entbehrte Hülfe bringen können!

Frankfurt a. M., den 1. August 1866.

Thissen, Stadtpfarrer, Borngasse 1.